Also by Joseph M Labaki:

Inconscient et Sexualité

A Riffian's Tune

An Odyssey in Blue

*La Pensée logique et politique
de M. Merleau-Ponty*

L'inconscient : ses origines et ses effets

Joseph M Labaki

Clunett Press

PUBLISHED BY CLUNETT PRESS, UK, 2022

FIRST PUBLISHED IN GREAT BRITAIN IN 2022

PRINT ISBN: 978-0-9926484-9-7

ELECTRONIC ISBN: 978-1-8384836-0-9

TABLE DES MATIÈRES

L'INCONSCIENT : SES ORIGINES ET SES EFFETS

L'INCONSCIENT : SES ORIGINES ET SES EFFETS

JOSEPH M LABAKI

CHAPITRE I

LE CORPS COMME *COGITO*

« Une philosophie de (la) chair est la condition sans laquelle la psychanalyse reste anthropologie ». Merleau-Ponty, *VI.*, p. 321.

1. La réflexivité du corps

Mettre en évidence une théorie du corps comme cogito, c'est montrer que le corps est l'origine de toute signification et qu'il est « auto-connaissance » de soi. Si nous pouvions montrer que le corps accomplit « une sorte de réflexivité » et qu'il est la subjectivité dernière, il serait ensuite aisé de comprendre qu'il est le sol de toute intentionnalité, qu'il est le sujet de la géométrie et que son rapport au monde n'est pas celui d'un « je pense », mais d'un « je peux » : d'un corps qui voit et touche. C'est donc du pour soi du corps ou de la « chair » dont il est ici question.

Le corps, nous dit Merleau-Ponty, touche et se touche, voit et se voit, parle et s'entend (= se comprend). Ma main peut toucher les choses et prendre des attitudes différentes à leur égard. Elle peut se révéler les choses, s'informer sur leurs propriétés, et se conduire d'une manière différente chaque fois qu'elle touche un objet différent : ce n'est pas de la même manière que ma main touche par exemple une orange et un œuf. Elle s'adapte à chaque objet différent. Elle se corrige chaque fois qu'elle commet une erreur. Mais d'où ma main tient-elle ce « savoir » ? D'où vient qu'elle se conduise, s'adapte et se corrige chaque fois que c'est nécessaire, chaque fois que la situation l'exige ? Pour connaître – la philosophie idéaliste l'a bien dit – il faut se connaître. Merleau-Ponty ne parle pas ici autrement : ma main ne tiendrait en elle aucun savoir, elle ne serait pas connaissante si elle n'était pas elle-même « connue ». Se toucher est la condition de possibilité de l'expérience[1]. Ma main sentante (ma main droite) est aussi « tangible », « sentie » par mon autre main. C'est par ce recroisement en elle de « toucher » et de « se retoucher » que ma main est un « je pense », c'est-à-dire un « je peux »[2]. Le retour du toucher sur soi n'est pas seulement la condition de possibilité de l'expérience : il est, selon Merleau-Ponty, l'essentiel et le modèle de toute expérience tangible[3]. On peut, par exemple, distinguer dans un acte de toucher trois expériences distinctes mais qui se recoupent :

a) un toucher des qualités, du lisse ou du rugueux, b) un toucher des choses, c) et enfin un toucher du toucher quand ma main gauche touche ma main droite en train de palper les choses[4]. C'est ce dernier, c'est-à-dire le toucher du toucher, qui est l'essentiel, le véritable toucher[4]. En devenant ainsi tangible – sentie – ma main (ou le corps) descend dans le monde des choses : elle devient, elle aussi, touchée[4], c'est-à-dire un tangible parmi les tangibles et en un sens, une chose parmi les choses.

Mais la réflexivité du corps ne se limite pas au toucher, il y a aussi une réflexivité de la vision[4]. Il faut aussi que je me voie pour que je puisse voir[5]. Mon corps ne pourrait pas voir s'il n'était pas lui-même une réalité visible[6]. Il y a là un retour de mon regard sur lui-même. Le narcissisme fondamental est, d'après Merleau-Ponty, cette visibilité du soi à soi[7]. Le Moi – puisque chaque fois qu'il voit, se voit – semble être séduit et capté par lui-même[7]. Mais peut-être, dira-t-on, la vision n'est pas le toucher : elle n'appartient pas au même sens. La vision n'est en effet, selon Merleau-Ponty, qu'une variante remarquable du toucher[8]. Dire que le toucher et la vision appartiennent à des sens entièrement différents ou discrets, c'est opérer là une délimitation grossière[9]. Si dans la même expérience du toucher il peut y avoir des expériences distinctes, mais qui se recoupent - un toucher du lisse (des qualités), des choses et de ma propre sensation – la vision peut être considérée, d'une certaine manière, comme le toucher. Mais, de même que nos expériences tactiles ne sont pas identiques, de même, la vision et le toucher sont elles aussi distinctes. Cela n'empêche pas cependant que tout visible soit prélevé sur une expérience visible[10]. Entre le toucher et la vision et, corrélativement, entre le visible et le tangible, il y a une réversibilité. Comme les instants, le toucher et la vision passent l'un dans l'autre. Mais si Merleau-Ponty analyse le toucher et la vision, ce n'est pour lui qu'à titre d'exemple : ce qui vaut pour ces intentionnalités vaut pour toutes les autres. Toutes nos *Erlebnisse* se recoupent et se distinguent. Nous y reviendrons avec le temps.

La dernière réflexivité, fort importante, est celle de la parole. Avec les mouvements de la gorge et de la bouche – les mouvements qui font le cri et la voix – mon corps parle et s'entend (= se comprend)[11]. « Je suis un être sonore, (...) ma vibration à moi, je l'entends (= je la comprends) du dedans ; comme a dit Malraux, je m'entends avec ma gorge »[12].

« Cette nouvelle réversibilité (la réflexivité de la parole). (...) l'émergence de la chair comme expression (...) (est) le point d'insertion du parler et du penser, dans le monde du silence »[13]. Avec la parole, nous y reviendrons, nous sommes, chez Merleau-Ponty, dans le monde intelligible, celui des *Wesen* et de la pensée conventionnelle. Mais si la parole est le point d'insertion de la pensée dans la perception, le sentir est-il ou non pensée? Nous y reviendrons dans notre dernier paragraphe.

La conscience, nous dit Merleau-Ponty, est partout étendue sur le corps: je perçois par toutes les parties de mon corps. Celles-ci sont toutes des cerveaux naturels. Cependant ce qui est à comprendre, c'est que ces visions, ces touchers, ces petites subjectivités, ces «consciences de...», peuvent s'assembler comme des fleurs dans un bouquet, quand chacune (...) (est) «conscience de», (...) (est) pour soi[14]. La difficulté n'est donc plus: la chair «se perçoit-elle ou non»? La conscience est-elle un «organe»? un «système» (Freud)[15]? ou une réalité extra-chair (Descartes)? La chair (ou le corps) est d'un bout à l'autre conscience. La difficulté cependant est: comment ces «consciences de...», ces sensations, ces touchers et ces visions forment-elles un seul «je peux»? Faut-il au-dessus de celui-ci un autre «Je» pour opérer la synthèse de nos sensations?

2. Le problème du moi empirique et du moi transcendantal

Faire appel à un Ego transcendantal – principe de l'unité – pour opérer la synthèse de nos *Erlebnisse* corporelles, c'est détruire ce que l'on cherche à montrer: le *cogito* corporel (le corps comme conscience de soi). Un «je» dont la tâche est d'opérer la synthèse est en même temps un «je» qui confère le sentir à la chair. Pour Merleau-Ponty, il n'y a pas d'Ego extra-

charnel qui fasse adhérer nos visions et nos touchers pour
que nous puissions avoir l'expérience ou pour que nous ayons
affaire à un seul monde. Si l'unité de ces subjectivités est opérée
par un « je » réflexif, le corps ne serait plus « autoconnaissance
de soi ». Il ne serait pas « pour soi », mais pour X. Mais s'il
ne se connaît pas, comment peut-il connaître, me révéler la
nature des choses ? Si le « je peux » – c'est-à-dire mon corps en
mouvement – s'ignore lui-même, la connaissance du monde,
pas davantage que celle de soi, ne pourrait lui appartenir. Ce
qui fait en effet l'unité de nos *Erlebnisse* corporelles, c'est pour
Merleau-Ponty le corps lui-même (= le « je peux »). Mon corps
synergique réalise une parfaite unité pré-réflexive ou pré-
objective de lui-même[16]. Il ne peut être question pour notre
auteur d'introduire en moi un Ego synthétique, constituant
du moi empirique et du monde, pour comprendre l'unité de
nos *Erlebnisse* corporelles[17]. Il y a une unité intrinsèque entre
toutes les différentes formes de la perception[18]. Chacun de mes
touchers, sans perdre sa particularité, est lié à tous les autres.
Chacune de mes visions, sans perdre son individualité, est liée
à tout le reste de mes visions. Mes touchers et mes visions ne
constituent pas des *Erlebnisse* séparées ou discrètes. De même,
le toucher et le voir empiètent, eux aussi, l'un sur l'autre[19].

Puisqu'il y a une unité intrinsèque dont le corps lui-
même se charge, je ne suis pas un chaos de perception, mais
un « Sentant en général devant un Sensible en général »[20]. Et
puisque c'est le corps lui-même qui fait son unité, qui se pense,
dire que je suis un sentant sensible (je sens et je me sens)[21], ce
n'est pas pour Merleau-Ponty décomposer le corps ou revenir
à l'idée classique du corps et de la conscience. Étant « pensable

par lui-même », le corps n'est pas un en soi, une chose ou une matière interstitielle[22]. La réversibilité entre le corps sentant et le corps senti, le corps phénoménal et le corps objectif, est, aux yeux de Merleau-Ponty, à l'opposé du dualisme classique du corps et de l'âme. Ma main droite touchée par ma main gauche peut retourner et exercer sur celle-ci la même activité qu'elle en reçoit[23]. Il y a un cercle du touché et du touchant et du visible et du voyant. Le touchant n'est pas sans existence tangible et le voyant n'est pas sans existence visible[24]. Le corps senti et le corps sentant sont l'un pour l'autre l'envers et l'endroit[25]. « Le rapport de mon corps comme sensible à mon corps comme sentant (ce corps que je touche, ce corps qui touche) = (est) immersion de l'être — touché dans l'être touchant et de l'être touchant dans l'être — touché »[26]. Le corps sentant et le corps senti ne font en somme qu'un seul Ego. Sentir et se sentir ne sont pas « deux mouvements » ou « deux intentionnalités », c'est « un seul mouvement dans ses deux phases »[27]. Avec la réversibilité – qui est la vérité ultime – le corps senti n'est pas un objet ou un en soi, il est le sujet lui-même[28]. Sans cette réversibilité, ma main gauche touchant ma main droite serait inconsciente – et ma main touchée (ma main droite) serait un en soi.

Merleau-Ponty ne fait pas comme Condillac pour qui le corps est connu par la main alors que de celle-ci il ne dit jamais comment elle est connue. Ce n'est cependant pas, d'après Michel Henry, Condillac seul qui a commis cette erreur : voulant rendre justice à l'« existence corporelle », il l'a pourtant manquée. La phénoménologie contemporaine et plus précisément celle de Merleau-Ponty n'a pas plus que Condillac fait avancer selon Michel Henry, la solution du corps subjectif : « Question décisive, (comment ma main connaissante de mon corps est elle-même connue) que ne s'est pas posée Condillac, que ne se pose pas non plus la phénoménologie contemporaine. Car la phénoménologie contemporaine – chez Merleau-Ponty notamment – s'interroge sur notre accès au monde en tant qu'il s'accomplit par notre intentionnalité motrice ou par nos intentionnalités sensorielles, (…) elle ne dit rien sur la connaissance du corps connaissant, sur la connaissance de la main en tant que main qui se peut et qui touche, rien sur la connaissance intérieure et originelle que nous avons du pouvoir de préhension lui-même »[29]. Cette objection n'est en effet pas fondée. Car ma main touchante est aussi touchée. Et si ma main gauche me révèle ma main droite, celle-ci me révèle, à son tour, mon autre main. C'est cette réversibilité qui fait du corps chez Merleau-Ponty la subjectivité dernière. L'objection que fait Maine de Biran à Condillac n'a aucune raison d'être chez Merleau-Ponty. L'idée de la réversibilité entre le corps senti et le corps sentant va de pair chez Merleau-Ponty avec celle de la « passivité ». Le corps senti n'est pas un moi empirique, c'est-à-dire une synthèse de sensations ou un champ de passivité pure. La sensation de ma sensation, est en même temps passivité. Passivité et activité ne se distinguent pas en moi.

Ainsi, puisque le corps senti est aussi sentant et le corps sentant est aussi senti, la chair est la subjectivité dernière : elle est « auto-affection » ou affection de soi par soi. Qu'est-ce que cependant se sentir ? Quel est ce genre de connaissance qu'a l'Ego de lui-même ? Sentir est une intentionnalité[30]. Celle-ci est acte, rapport, relation, mouvement ou transcendance de la conscience vers quelque chose. Originairement ce quelque chose est le monde (les choses). L'intentionnalité originaire implique nécessairement l'hétérogénéité ou le dualisme du moi et du monde. Mais si l'intentionnalité originaire – c'est-à-dire celle dont le contenu est le monde et pas le moi – implique le dualisme de la conscience et du monde (les choses), pourquoi n'en serait-il pas ainsi de « se sentir » (de se toucher et de savoir) ? Quelle est la raison de l'intentionnalité sinon l'altérité du moi et du monde ? Et si c'est vrai, le corps est loin d'être l'Ego, il est l'étendue de Descartes. Définir la conscience par l'intentionnalité, faire de celle-ci le moyen qu'a l'Ego de se révéler à lui-même, c'est faire du corps senti non pas un Ego, mais un objet. Telle est l'objection, théoriquement sérieuse, que fait Michel Henry à Merleau-Ponty[31]. Pour celui-là la connaissance qu'a l'Ego de lui-même ne peut être intentionnelle[32]. Car ce qui est atteint par l'intentionnalité se propose nécessairement comme étranger ou comme autre. Mais si l'intentionnalité implique dans la *Phénoménologie de la perception* le dualisme conscience-monde, il n'en va pas de même lorsque Merleau-Ponty parle de la conscience de soi ou lorsqu'il est question du « cogito tacite ». L'intentionnalité – thétique ou non – qui me révèle le corps senti, à l'exception de celle qui me révèle les choses, n'implique pas ce dualisme. Disons donc que Merleau-Ponty fait là une concession. Mais celle-ci est aux yeux de Michel Henry impossible. Car la raison de l'intentionnalité, c'est le manque, c'est ce qu'on n'est pas[33]. C'est à un niveau ontologique que Michel Henry soulève la problématique de l'Ego. Il y a cependant une solution chez Merleau-Ponty au niveau même où se place le critique. C'est par une ontologie du sensible entièrement nouvelle dont la base est la « réflexivité » du corps que Merleau-Ponty tente de résoudre ce problème : la dualité du moi et du monde[34]. Le raisonnement de Merleau-Ponty est en lui-même simple s'il n'est pas redoutable.

Le corps, avons-nous vu, accomplit une « sorte de réflexion », il se touche touchant et se voit voyant[35]. Quand ma main gauche touche ma main droite, celle-ci est sentie comme une chose (= un objet physique)[35]. Le retour du corps sur soi en fait une chose sentante ou plus précisément un « sujet-objet »[35]. La réflexivité donne au corps un statut d'objet[36]. Ainsi, étant objet (= un corps senti) je ne suis plus étranger aux choses : je suis moi-même une chose parmi les choses[36]. Autrement dit encore, en devenant tangible (sensible) mon corps descend dans le monde des choses, il devient tangible parmi les tangibles et en ce sens une chose parmi les choses[36]. Mais en devenant une chose (tangible) mon corps n'est plus étranger au monde, il est lui aussi une chose (partie du monde). La communication avec le monde, sa compréhension est ainsi de droit établie. L'opposition (dualisme) moi et le monde se trouve ainsi dépassée dans la dernière philosophie de Merleau-Ponty : le *cogito* fait partie du monde. Merleau-Ponty fait du « se sentir » le modèle de tout sentir : si je comprends les choses, c'est parce que je me comprends. Ce rapport interne du corps – se sentir – en fait le « vinculum » entre moi et les choses[37]. C'est ce rapport de lui à lui – ou la réflexivité – qui en fait un objet (une chose). Mais le même corps senti – et c'est en ce sens, répétons-le qu'il est objet (chose) – est aussi sujet : c'est lui-même qui voit et qui touche. La réversibilité entre le corps senti et le corps sentant est la vérité ultime. Je suis donc une chose et néanmoins différent de toutes les autres. Mais si moi-même je suis objet (= chose) – et c'est là le nœud de l'argumentation de Merleau-Ponty – la distinction sujet-objet, moi-monde n'implique plus d'opposition ou d'altérité. Ainsi donc, la connaissance du monde par l'«intentionnalité» n'implique pas d'étrangeté radicale : je suis moi-même une chose. Si la connaissance du monde n'implique pas d'altérité radicale, celle de soi par «l'intentionnalité» ne peut faire que le corps soit l'étendue cartésienne ou ne soit plus la subjectivité dernière. Dire donc que je suis sentant sensible, que je sens ma propre sensation, que je me connais intentionnellement, ce n'est pas dire que le corps senti soit une réalité extérieure (*res extensa*) et le corps sentant une intériorité pure (*res cogitans*). «La chair n'est pas matière, n'est pas esprit, n'est pas substance »[38]. Elle est, chez Merleau-Ponty, au-delà de ces antinomies classiques et elle ne peut être union ou composé, car elle serait alors union de deux contradictions[39]. Faire du corps la subjectivité dernière, est incontestablement renvoyer dos à dos le cartésianisme et l'empirisme : tous les deux s'accordent pour faire du corps comme du langage un morceau d'étendue. En somme, le corps est pensable par soi et fait lui-même sa propre synthèse.

3. La réflexivité du corps : est-elle de fait ?

Le corps, nous a dit Merleau-Ponty, accomplit une «sorte de réflexion » : il se touche touchant, se voit voyant, et il s'entend (= se comprend) quand il parle. Nous avons écarté, pour affirmer «l'existence corporelle », l'idée d'un Ego extra-chair en même temps que l'idée cartésienne du corps compris comme un morceau d'étendue. Il est maintenant temps de préciser cette réflexivité. Celle-ci n'est pas de fait chez Merleau-Ponty, c'est-à-dire elle n'est pas une intentionnalité d'« acte » au sens de Husserl. Si quelqu'un me prend par mon oreille ou me pique douloureusement, l'endroit touché devient pour moi (mon schéma corporel) une figure sur un fond. Mon schéma corporel m'enseigne ce que c'est « se toucher », « se voir », bref, « se sentir » ou avoir conscience de soi. Or il n'en est pas ainsi du « se sentir » ; ma main gauche ne touche pas de fait ma main droite. La perception de ma perception est uniquement sur le point de se produire, elle s'éclipse au moment de se faire[40]. Je ne suis pas de fait entièrement visible à moi-même : je ne verrai jamais directement mon dos[41]. Quand je parle, je n'entends pas ma voix comme celle des autres : « L'existence sonore de ma voix pour moi est pour ainsi dire mal dépliée »[40]. « Le se toucher, se voir du corps (…) n'est pas un acte, c'est un être à. Se toucher, Se voir, d'après cela, ce n'est pas se saisir comme objet, c'est être ouvert à soi, destiné à soi (narcissisme). Ce n'est pas (…) donc s'atteindre, c'est au contraire s'échapper, (ou) s'ignorer »[42]. En somme, la réflexivité du « sentir » ou du corps n'est pas totale : je ne peux me toucher touchant ou me voir voyant[43]. Je suis ou bien visible ou bien voyant. Jamais je ne pourrai, comme le croyait Descartes, être visible, c'est-à-dire avoir une conscience thétique du moi et du monde[44]. La perception de soi à laquelle Merleau-Ponty tient à donner le nom de « l'intentionnalité »[45] ne fait pas du corps senti un objet. Se sentir n'étant pas un acte, la chair n'est pas un « je » = conscience thétique de soi :

« Je, vraiment, c'est personne, c'est l'anonyme ;
il faut qu'il soit ainsi, antérieur à toute
objectivation, dénomination, pour être
l'Opérateur, ou celui à qui tout cela advient.
Le Je dénommé, le dénommé Je, est un objet.
Le je premier, dont celui-ci est l'objectivation,
n'est l'inconnu à qui tout est donné à voir ou à
penser, à qui tout fait appel, devant qui (…) il y
a quelque chose »[46].

Se sentir – connaissance de soi par sentiment, disait
Malebranche – c'est l'idée du schéma corporel comme
présence à soi, c'est-à-dire présence non différentielle[47]. Ce
qui empêche, selon Merleau-Ponty, la réflexivité du corps
d'être totale ou de fait, ce qui empêche que mon corps soit
constitué ou thématisé, c'est que c'est lui-même qui voit et qui
touche[48]. Sentir et se sentir ne font chez Merleau-Ponty qu'un
seul sentir[49]. Ce ne sont pas là deux intentionnalités, mais une
seule et même intentionnalité. Le sentir est un seul acte qui,
par une sorte de mystère, se retourne sur lui-même. Il est à
comprendre, dit Merleau-Ponty, comme le retour sur soi du
visible (le corps)[50]. Quand le psychologue classique parlait des
« sensations doubles »[51], il commettait là une erreur : il croyait
que la main droite touchée par la main gauche est encore
touchante. La chair est en dernière analyse un « anonymat
inné »[52]. La réflexivité du corps dont on fait état n'est qu'une
« sourde réflexivité »[53]. La chair n'est pas, nous dit Merleau-
Ponty avec quelque exagération, celle qui « pense », parle,
raisonne, ou argumente[54]. Exagération, disons-nous, mais en
fait, c'est une question cruciale de savoir si « sentir » (toucher

et voir) est ou non « pensée ». Nous y reviendrons dans notre dernier paragraphe. Si cependant « se sentir » n'est pas un acte, Merlau-Ponty n'en fait pas un en soi (un processus en troisième personne). Le corps accomplit, comme le disait Husserl, une « sorte de réflexion »[55]. Cela suffit, dit Merleau-Ponty, pour ne pas faire de la chair un en soi[56]. La réflexivité du corps, ce retour du corps sur soi, n'est pas un rien : c'est elle qui fait du corps un cogito, une chair et non pas une matière – et c'est elle qui est le fondement de cette ontologie nouvelle[57]. Si donc je ne puis en fait sentir ma sensation, cela ne veut pas dire que je l'ignore absolument[58]. Mais cela ne signifie pas davantage que je la connaisse. Mon corps, étant originairement un corps sentant, un corps phénoménal, il ne peut se constituer comme effectivement (positionnellement) « senti ».

Cette théorie du corps comme subjectivité est en même temps, chez Merleau-Ponty, une théorie de « l'inconscient ». Certains concepts psychologiques sont expliqués par cette philosophie de la chair. Les mécanismes psychologiques tels que « la projection » et « l'introjection » sont compris chez Merleau-Ponty, ainsi que chez Mélanie Klein, comme des activités corporelles et non comme des opérations spirituelles au sens classique de ce mot[59], c'est-à-dire au sens où l'on distinguait le somatique et le psychique comme des réalités opposées. La projection est comprise – nous semble-t-il – comme recherche du dedans dans le dehors et l'introjection (l'incorporation) comme recherche du dehors dans le dedans[60]. Pour la philosophie de la chair, ces deux opérations, projection et introjection, sont des fonctions constantes du corps. L'expérience se poursuit sur deux plans :

intérieur et extérieur (projection et introjection). La chair est un pouvoir général d'incorporer les choses et autrui. L'incorporation n'est cependant pas une opération distincte de la projection : elle commence avec la perception elle-même. Passivité et activité, introjection et projection, sont la définition de la chair elle-même – celle-ci est un sentant sensible ; sensible non uniquement pour soi mais aussi pour les choses et autrui. Il y a réversibilité non seulement entre ma main droite et ma main gauche (le corps sentant senti), mais aussi entre moi et le monde. Toute perception est doublée d'une contre-perception : = la passivité. Plutôt que de définir la chair comme de part en part transcendance, comme le faisait la *Phénoménologie de la perception*, *Le Visible et l'Invisible* tente de la définir comme de part en part « projection et introjection » (activité et passivité). Il y a dans le raisonnement de Merleau-Ponty deux étapes dont la première explique la seconde :

a)   La chair est un sentant sensible, il y a là un rapport de « réversibilité » entre le corps sentant et le corps senti. Ma main gauche qui touche ma main droite subit la même activité que celle-ci : elle est elle aussi sentie (passive), par ma main droite.

b)   Le même rapport qui existe entra ma main gauche et ma main droite existe entre moi et le monde. Là aussi la réversibilité est la vérité ultime : passivité et activité (introjection et projection) vont de pair[61]. La perception n'est pas une pure création : elle est l'introjection de la chose perçue. Ainsi les choses me touchent et me voient[62] = elles exercent leur pouvoir sur moi[63].

Mais la philosophie de la chair s'interroge encore sur la possibilité d'incorporer les choses et autrui. Elle tente de rendre ces deux opérations – projection et introjection – de droit possibles. Quand Merleau-Ponty affirme : je vois parce que je « me » vois, je touche parce que je « me » touche, c'est dire : a) je peux entrer en contact avec le monde, car je suis moi-même de l'être, b) je peux « comprendre » le monde et autrui, car je les comprends en moi. Il s'agit là chez Merleau-Ponty d'une connaissance d'autrui et du monde à distance. Je possède une « télé-connaissance » ou une « télé-perception » du monde et d'autrui, car le monde et autrui ne sont qu'une prolongation de ma chair. Celle-ci est l'essence exemplaire et le « prototype » de toutes choses : le monde et autrui. Je possède en moi, à titre de portion exemplaire ou à titre d'élément, le monde et autrui. Si je peux incorporer les choses et autrui, c'est parce que moi-même j'en fais partie ou que je les possède à titre d'éléments. Si je peux comprendre autrui, c'est parce que je comprends cette portion de lui en moi – et qui est moi-même. Il y a communication et connaissance à distance d'autrui et du monde, car étant « Être-sujet » (sujet-objet) je les possède à titre d'éléments.

Un exemple descriptif pourrait expliquer la pensée de notre auteur. Je connais par exemple autrui, je sais ce qu'il éprouve comme souffrance ou joie dans telle ou telle circonstance, car je connais ce qu'il en serait de moi-même dans les mêmes circonstances. Je peux lui faire plaisir en faisant ceci ou cela ou l'inquiéter par certaines grimaces, car je sais que ceci ou cela me fait plaisir et que les grimaces d'autrui m'inquiètent. La projection ne serait pas possible si le sujet ne croyait pas, au moins à la possibilité de l'existence, dans l'autre, de ce qu'il projette. Un homme normal ne projette pas sa haine et son amour sur les objets. Si donc projection et introjection il y a, leur existence est ainsi de droit possible.

Par la définition de la chair comme pouvoir d'incorporation général ou comme recherche du dehors dans le dedans et du dedans dans le dehors (projection et intégration) Merleau-Ponty rejoint les idées de M. Klein et de son élève Heimann. Pour celle-ci, le corps est cette puissance d'incorporer tout ce qui est perçu[64]. L'incorporé est identifié chez elle au sur-moi[65]. Celui-ci est tout ce qui est introjecté, les gens et les choses[65]. Ainsi élargi, le sur-moi ne se limite plus au sur-moi œdipien : c'est tout un univers intégré et qui commence dès la perception. L'enfant par exemple, ayant incorporé ses parents, en fait des « objets internes » ; mais étant devenu internes (incorporés) les gens et les choses deviennent inaccessibles à la conscience : d'où l'anxiété du sujet, ses doutes et ses incertitudes[65]. Le sur-moi est identifié à l'intracorporel[66] : « Le corps, zone mystérieuse, contient par introjection des parties corporelles des parents. Le sur-moi est l'ensemble des réalités extérieures qui continuent leur activité souterraine (…) Le sur-moi est compris comme contenant non seulement le corps des parents, mais aussi tous les objets : toute perception, toute relation est "digérée" par nous. C'est un monde, tout un univers. (…) Cette conception du sur-moi comme un univers, comme un ensemble, est importante et originale »[67].

C'est de la même manière que Heimann, élève de M. Klein, concevait elle aussi la fonction du sur-moi : tout objet perçu est assumé ou incorporé[68]. « Le sur-moi cesse d'être une identification à une personne, mais se rencontre à l'état diffus dans toute relation avec l'extérieur »[68]. Assimiler le sur-moi à l'« incorporé », c'est là, pense Merleau-Ponty, un progrès[68].

Quoiqu'en termes apparemment différents, Merleau-Ponty exprime la même idée de l'incorporation en termes de passivité[69]. Le corps est l'agent sensoriel du sur-moi[70] : puissance d'incorporer le senti. Mon rapport avec le monde est à comprendre à partir de ce rapport qu'il y a entre moi et moi-même. Ma main gauche touchant ma main droite touchant les choses est, elle aussi, touchée par celle-ci : faute de quoi ma main gauche serait inconsciente. Chacune de mes mains se trouve prise dans une activité double : activité et passivité. Ainsi la réversibilité est la vérité ultime[71]. Mais le même rapport qu'il y a entre ma main gauche et ma main droite existe entre moi et le monde. Le corps phénoménal (sentant) me révèle les choses, me met en contact avec autrui, mais cette activité va de pair avec la passivité. Autrement dit, ma sensation est l'incorporation du senti. De même que ma main gauche reçoit une activité de ma main droite, de même ma main droite, celle qui me révèle les choses, subit une activité de la part des choses qu'elle touche. Ainsi le rapport de la chair au monde n'est pas ce rapport d'un je transcendantal : mon activité est accompagnée d'une passivité. Métaphoriquement exprimé : je touche les choses et celles-ci, à leur tour, me touchent[72]. Pour nous donner un schéma explicatif, celui-ci sera :

a)   Le rapport du corps à lui-même : Être ↔ sujet

b)   Le même rapport est à concevoir entre moi et le monde : Corps ↔ monde

La situation fait partie du *cogito*[73] : je m'éprouve « constitué » au moment même ou je fonctionne comme constituant[74]. « Sur certains spectacles, – ce sont les autres corps humains et, par extension, animaux, – mon regard achoppe, (…) (et se trouve) circonvenu. Je suis investi par eux alors que je croyais les investir, et je vois se dessiner dans l'espace une figure qui éveille et convoque les possibilités de mon propre corps comme s'il s'agissait de gestes ou de comportements miens. Tout se passe comme si les fonctions de l'intentionnalité et de l'objet intentionnel se trouvaient paradoxalement permutées. Le spectacle m'invite à en devenir spectateur adéquat, comme si un autre esprit que le mien venait soudain habiter mon corps, ou plutôt comme si mon esprit était attiré là-bas et émigrait dans le spectacle qu'il était en train de se donner »[75].

Sentir et parler, c'est exprimer en moi la présence des choses et celle d'autrui[76]. Comme il n'y a pas de présent sans le passé, il n'y a pas de vie humaine en laquelle ne s'affirme la présence des choses et celle d'autrui. La passivité (= l'incorporation) est la base de l'intersubjectivité : la présence d'autrui s'affirme en moi et ma présence s'affirme en lui[77]. C'est là le sens de cette formule, énigme de Husserl : « la subjectivité transcendantale est intersubjectivité »[78]. Pour exprimer la passivité ou l'incorporation un auteur avisé s'exprime ainsi : l'être parle en moi[79]. Cette philosophie de la chair est la plus anti-transcendantaliste qui soit[80] : la passivité est poussée à la limite. Exprimée en termes de Mélanie Klein, cette passivité est l'incorporation qui accompagne toute perception. Activité et passivité, projection et introjection sont des fonctions constantes et fondamentales de la chair[81]. Mais entre ces deux opérations il y a un échange perpétuel : la projection est, jusqu'à un certain degré, projection du sur-moi. Celle-ci n'est pas indépendante de ce que j'ai « subi » ou « digéré ». Le sur-moi – pour ne pas dire qu'il est une représentation, car « une philosophie de la chair est à l'opposé des interprétations de l'inconscient en termes de « représentations inconscientes »[82] – est une « attitude » : une manière incorporée devenue puissance de signifier. Mais en deçà de ce sur-moi (= l'introjecté) il y a encore la chair comme anonymat inné.

L'inconscient primordial, c'est le « corps sentant sensible », c'est la « chair muette » vue jusqu'ici. Si la chair a de droit cette double référence, sentir et se sentir, celle-ci nous l'avons vu, n'est pas de fait, elle n'est pas une intentionnalité d'acte au sens de Husserl. Puisqu'elle n'est pas un « acte », Merleau-Ponty en fait un « inconscient ». « L'inconscient, dit-il, est le sentir lui-même, puisque le sentir n'est pas la possession intellectuelle de "ce qui" est senti, mais dépossession de nous-mêmes à son profit, ouverture à ce que nous n'avons pas besoin de penser pour le reconnaître. (...) La double formule de l'inconscient ("je ne savais pas" et "je l'ai toujours su") correspond aux deux aspects de la chair (sentir et se sentir), à ses pouvoirs poétiques et oniriques. (...) l'inconscient primordial (...) (c'est) le laisser-être, le oui initial, l'indivision du sentir »[83]. Celui-ci est un inconscient d'« état »[83]. Il est le mode originaire d'être de la chair. Mais si Merleau-Ponty fait de la chair notre inconscient primordial, c'est qu'il y a là chez lui une raison fondamentale : la chair ne peut être conscience de soi que « par la parole ». Parole et pensée sont identiques chez lui et tout le problème maintenant est de savoir si « sentir » est ou non pensée.

4. Le sentir est-il pensée ?

Il nous faut maintenant revenir en arrière et reprendre la question en suspens : savoir si le « sentir » (toucher et voir) est ou non pensée. N'étant pas possession du senti, le sentir ne semble pas, à première vue, être chez Merleau-Ponty, « pensée ». C'est l'émergence de la chair comme parole qui, selon lui, fait surgir la pensée. L'importance donnée au langage, et très précisément à la parole, semble faire de Merleau-Ponty un philosophe du langage plutôt que de la perception. Merleau-Ponty est allé jusqu'à mettre en question le *cogito* tacite[84] de la phénoménologie de la perception : pour avoir le *cogito* et pour « faire » l'attitude transcendantale, il faut, dit-il, avoir les mots[85]. Ces deux affirmations ont un sens : la pensée est liée à la parole. Parole et sens sont intrinsèquement liés. Pour exprimer cette intimité, Merleau-Ponty parle de la réversibilité entre la pensée et les mots. Le sens et la parole sont dans le même rapport de réversibilité que le corps sentant et le corps senti[86]. L'identification du sens et de la parole fait de celle-ci la signification dernière : elle ne renvoie pas à quelque chose d'autre qu'elle-même. La parole n'est pas là pour exprimer quelque chose, mais pour le faire, elle est ce qu'elle exprime. L'auditeur n'a pas à faire jouer une correspondance entre les mots et le sens visé par eux pour comprendre ce qui est dit : bien comprendre c'est bien entendre[87].

Mais si la pensée est ainsi liée à la parole, qu'en est-il du sentir et de se sentir ? Le sentir ne devient-il pas un mouvement qui ne révèle rien ? N'est-il pas absurde de parler du corps comme *cogito* ? Le corps n'est-il pas inconscient, c'est-à-dire un processus en troisième personne ? Ce serait vrai si la parole était la seule puissance de signification. Mais il n'en est rien. Une chose si souvent négligée et pourtant fondamentale chez Merleau-Ponty est l'idée de « l'ontogenèse du corps ». Si nous pouvions montrer que la parole est un développement de la chair, un devenir du corps, le mot « pensée » devrait être alors relativisé. En montrant l'origine de la pensée, nous pourrions dire si sentir est ou non « pensée ». Et si nous pouvions relativiser la « pensée » et le « sentir », nous pourrions aussi relativiser le « se » penser et le « se » sentir.

Le point le plus difficile à saisir, selon Merleau-Ponty, est celui-ci : comment le sentant sensible peut-il être pensée[88] ? C'est le « lien » entre la chair et l'idée (le symbolisme tacite ou naturel et le symbolisme conventionnel) qui est à comprendre[89]. Proust semble être, d'après Merleau-Ponty, celui qui a le mieux compris les rapports entre la chair (le corps silencieux) et l'idée (l'expression parlée). L'idée pour Proust n'est pas le contraire du sensible (= la chair muette), elle « en est la doublure et la profondeur »[90]. L'idée (ou la pensée), c'est la chair « sublimée » en verbalisation. Celle-ci est la chair « dérivée », une chair plus maniable. L'idée (la parole) n'est qu'un autre niveau de la chair[91]. C'est en effet une étude « génétique » de la pensée que Merleau-Ponty s'efforce de faire : la pensée est conçue comme le développement du corps. Parlant de l'expression, la *Phénoménologie de la perception* se donne une allure plus intellectualiste que *Le Visible et l'Invisible*. La première parle de l'expression comme essentiellement créatrice[92]. Et par là Merleau-Ponty entend dépasser tout ce qu'il appelle le « dogmatisme du préjugé du monde », c'est-à-dire la croyance en une réalité ou en un monde (idée, *Wesen*, les choses) circonscrit, délimité et donné. Ce préjugé est commun à toute pensée ignorante de l'idée de la « création ». Or, *Le Visible et l'Invisible*, lui, parle de l'expression verbale comme « développement » de la chair. La pensée ou l'idée n'est pas création pure[93]. N'étant qu'un développement, la pensée n'est pas « délivrée » de ses racines, (= la chair)[94]. Puisque l'idée est la sublimation de la chair – ou pour mieux le dire, l'idée c'est la chair plus subtile – la pensée « habite » déjà, jusqu'à un certain degré, le corps muet, « le sentir ». Par son développement propre, le corps « se fait » pensée : idée, esprit ou conscience. Ainsi, la chair n'est pas étrangère à la pensée[95] : il y a par la sublimation une existence presque charnelle des idées[96], comme il y a une existence presque idéelle du corps. Si la perception muette ne contenait pas déjà en elle la possibilité de la parole (la pensée en germe) le « saut » de la chair à l'idée serait, aux yeux de Merleau-Ponty, inconcevable. En effet, toutes les possibilités du langage (la parole) sont déjà données dans la chair muette. « Si l'on explicitait complètement l'architectonique du corps humain, son bâti ontologique, et comment il se voit et s'entend, on verrait que la structure de son monde muet est telle que toutes les possibilités du langage y sont déjà données »[96]. La pensée au sens restrictif, c'est-à-dire signification pure, ne se comprend, selon Merleau-Ponty que comme sublimation du corps sensible en chair verbale[97]. Il y a, selon Merleau-Ponty, une réversibilité même entre la vie perceptive (le toucher et voir) et l'idée (l'expression parlée)[98]. La pensée est immanente au sentir et, pour employer des termes forts, elle est immanente au « silence ».

Faire émerger la pensée avec la parole, ce n'est pas, pour Merleau-Ponty, faire du sentir un en soi. La perception est déjà, jusqu'à un certain degré, pensée[99]. «Dès l'instant que nous disions VOIR, VISIBLE, et que nous décrivions la déhiscence du sensible, (= le corps percevant perceptible), nous étions, si l'on veut, dans l'ordre de la pensée»[100]. Ainsi il y a une pensée sans les mots. Sentir (toucher et voir), c'est déjà penser. S'il y a une pensée sans les mots, le se sentir ou «le cogito tacite» n'est plus impossible ! Ce n'est cependant que grâce à la parole que la chair devient vraiment pensée, que le cogito devient conscience de soi. C'est pourquoi la chair est un anonymat = notre inconscient primordial. Il y a bien lieu de distinguer chez Merleau-Ponty une pensée primaire (le symbolisme naturel) et une pensée secondaire ou langagière (le symbolisme conventionnel). Il y a un monde du silence, celui de la perfection (du toucher et de voir) et celui du discours (le langage parlé). La pensée primaire ou «l'esprit sauvage» c'est le «sentir» ou la perception étouffée, c'est l'expérience muette d'un sens muet ou sauvage[101]. L'esprit sauvage, c'est-à-dire l'esprit latent ou «l'inconscient» c'est la chair ou le «je peux» en deçà de la parole. Ce n'est pas par hasard que Merleau-Ponty distingue trois degrés dans les pouvoirs de la chair : toucher, voir et parler. Le cogito n'attend son maximum dans la «constitution» et la «lucidité de soi» que par la parole. Le rapport de celle-ci (la troisième réflexivité) au toucher et au voir, c'est peut-être toute la philosophie. Penser – se sublimer en chair idéelle – c'est, du point de vue du cogito, ou la réduction, restituer le «monde sensible», le monde vertical ou le «Lebenswelt» de Husserl. Penser au sens de parler, c'est ramener des significations sauvages (= muettes ou silencieuses) à des significations pures, c'est-à-dire idéelles. « En un sens, comme dit Husserl, toute la philosophie consiste à restituer une puissance de signifier, une naissance du sens ou un sens sauvage, une expression de l'expérience par l'expérience qui éclaire notamment le domaine spécial du langage »[102].

LES RÉFÉRENCES

1. « Ceci (mes mouvements ne peuvent être initiation et ouverture à un monde tangible) ne peut arriver que si, en même temps que sentie du dedans, ma main est aussi accessible du dehors, tangible elle-même, par exemple, pour mon autre main ». Merleau-Ponty, *VI.*, p. 176 (la parenthèse est de nous).

2. Merleau-Ponty, *VI.*, p. 176. « La chair, le Leib (…) c'est un "je peux" ». Merleau-Ponty, *VI.*, p. 309.

3. C'est pour une raison ontologique que Merleau-Ponty fait de se toucher le modèle du toucher ; ce point, sans que nous en fassions un objet d'étude, deviendra clair au fur et à mesure que nous étudierons la chair.

4. Merleau-Ponty, *VI.*, p. 176.

5. Merleau-Ponty, *VI.*, pp. 201-202.

6. Kwant, R.C., *From phenomenology to Metaphysics*, p. 123.

7. Merleau-Ponty, *VI.*, p. 183.

8. Merleau-Ponty, *VI.*, p. 175.

9. Merleau-Ponty, *VI.*, p. 175.

10. « …toute expérience du visible m'a toujours été donnée dans le contexte des mouvements du regard, le spectacle visible appartient au toucher ni plus ni moins que les "qualités tactiles". Il faut nous habituer à penser que tout visible est taillé dans le tangible, tout être tactile promis en quelques manières à la visibilité, et qu'il y a empiétement, enjambement, non seulement entre le toucher et le touchant, mais aussi entre le tangible et le visible qui est incrusté en lui, comme, inversement,

lui-même n'est pas un néant de visibilité, n'est pas sans existence visuelle ». Mcrleau-Ponty, *VI.*, p. 177.

11. « Comme il y a une réflexion du toucher, de la vue et du système toucher-vision, il y a une réflexivité des mouvements de phonation et de l'ouïe, ils ont leur inscription sonore, les vociférations ont en moi leur écho moteur ». Merleau-Ponty, *VI.*, p. 190.

12. Merleau-Ponty, *VI.*, p. 190. La parenthèse est de nous.

13. Merleau-Ponty, *VI.*, p. 190. Les parenthèses sont de nous.

14. Merleau-Ponty, *VI.*, p. 186.

15. À suivre Politzer (*Critique des fondements de la psychologie*), la conscience serait un organe chez Freud.

16. Merleau-Ponty, *VI.*, p. 186.

17. « Le redoublement quasi "réflexif", la réflexivité du corps, le fait qu'il se touche touchant, se voit voyant, ne consiste pas à surprendre une activité de liaison derrière le lié, à se réinstaller dans cette activité constituante ». Merleau-Ponty, *VI.*, p. 303.

18. Merleau-Ponty, *VI.*, p. 177.

19. Merleau-Ponty, *VI.*, p. 188.

20. Merleau-Ponty, *VI.*, p. 187. « On ne sortira d'embarras (c'est-à-dire comment ces petites subjectivités inhérentes à mes mains et à mes yeux peuvent s'assembler comme des fleurs dans un bouquet) qu'en renonçant à la bifurcation de la "conscience de" et de l'objet, en admettant que mon corps synergique n'est pas l'objet, qu'il rassemble en faisceau les "consciences" adhérentes à ses mains, à ses yeux, par une opération

qui est, relativement à elles, latérale, transversale, que ma conscience n'est pas l'unité synthétique, incréée, centrifuge, d'une multitude de "consciences de …", comme elle centrifuges, qu'elle est soutenue, sous-tendue, par l'unité pré-réflexive et pré-objective de mon corps. Ce qui veut dire que chaque vision monoculaire, chaque toucher par une seule main, tout en ayant son visible, son tactile, est liée à chaque autre vision, à chaque autre toucher, de manière à faire avec eux l'expérience d'un seul corps devant un seul monde, par une sensibilité de réversion, de reconversion de son langage dans le leur, de report et de renversement, selon laquelle le petit monde privé de chacun est, non juxtaposé à celui de tous les autres, mais entouré par lui, prélevé sur lui, et tous ensemble sont un Sentant en général devant un Sensible en général ». Merleau-Ponty, *VI.*, pp. 186-187.

21. Merleau-Ponty, *VI.*, p. 180.

22. « …la chair est une notion dernière, (…) elle n'est pas union ou composé de deux substances, mais pensable par elle-même (…) ». Merleau-Ponty, *VI.*, p. 185.
« Le corps (…) n'est pas lui-même chose, matière interstitielle, tissu conjonctif, mais sensible pour soi (…) » Merleau-Ponty, *VI.*, p. 178.

23. Merleau-Ponty, *VI.*, pp. 185-186.

24. Merleau-Ponty, *VI.*, p. 188.

25. Merleau-Ponty, *VI.*, p. 182. « …le corps senti et le corps sentant comme l'envers et l'endroit, ou encore, comme deux segments d'un seul parcours circulaire, qui, par

en haut, va de gauche à droite, et, par en bas, de droite à gauche, (...) ». Merleau-Ponty, *VI.*, p. 182. « Il faut comprendre le se toucher et le toucher comme envers l'un de l'autre ». Merleau-Ponty, *VI.*, p. 308.

26. Merleau-Ponty, *VI.*, p. 313. La dernière parenthèse est de nous.

27. Merleau-Ponty, *VI.*, p. 182.

28. Merleau-Ponty, *VI.*, P. 204.

29. Michel Henry, « Le concept d'âme a-t-il un sens ? », *Revue philosophique de Louvain*, année 1966, tome 64, pp. 25-26.

30. On sait bien que pour Merleau-Ponty, contrairement à Husserl, la sensation est une intentionnalité, la sensation et la perception ne se distinguent pas chez Merleau-Ponty. Voir sur ce point Merleau-Ponty, « Le primat de la perception et ses conséquences philosophiques. »

31. Article cité, pp. 19-33.

32. « Une telle connaissance (la connaissance originelle que nous avons de la main, qui prend du pouvoir de préhension lui-même) n'est plus une connaissance intentionnelle, elle n'est plus une ekstase, elle ne laisse pas s'étendre devant elle l'être-étendu-devant, elle ne fait surgir aucune extériorité. La connaissance originelle que nous avons du pouvoir de préhension n'est pas intentionnelle et elle ne peut pas l'être. Elle ne peut pas l'être, parce que toute intentionnalité se fonde sur la transcendance, développe un horizon, c'est-à-dire le milieu de l'altérité. Car l'extériorité est l'altérité comme telle. Et (...) ce qui est atteint dans l'extériorité

d'un horizon se propose nécessairement comme autre, comme étranger», Michel Henry, article cité, p. 26.

33. « Ce qui se donne à nous par la médiation de la relation ekstatique est par là-même ce qui nous est ôté, ce que nous ne parvenons pas à être, ce que nous sommes, si l'on veut, mais sur le mode de n'être pas, ce que nous ne sommes pas.(...) (Aussi), le problème de l'action de l'âme sur le corps, loin d'être résolu se repose avec plus d'urgence», Michel Henry, article cité, pp. 26-27. La parenthèse est de nous.

34. Cette solution est tardive chez Merleau-Ponty, elle n'est ni dans *La Structure du comportement* ni dans la *Phénoménologie de la perception*. Bien que Merleau-Ponty parle toujours de l'unité cohérente entre le sujet et l'objet, il les considère toujours comme deux moments d'une seule et même structure, il n'a cependant pas donné une explication théorique à cette unité. C'est à ce problème entre autres que s'attaque l'ouvrage inachevé *Le Visible et l'Invisible*.

35. Merleau-Ponty, *Signes*, p. 210.

36. Merleau-Ponty, *VI.*, p. 176.

37. « Il y a un rapport de mon corps à lui-même qui fait de lui le vinculum de moi et des choses». *Signes*, p.210.

38. Merleau-Ponty, *VI.*, p. 184.

39. Merleau-Ponty, *VI.*, pp. 193-194. La chair est « à mi chemin de l'individu spatio-temporel et de l'idée (conscience ou âme), sorte de principe incarné (...) ». Merleau-Ponty, *VI.*, p. 184. La parenthèse est de nous.

40. Merleau-Ponty, *VI.*, p. 194.

41. Merleau-Ponty, *VI.*, p. 181.

42. Merleau-Ponty, *VI.*, pp. 302-303.

43. « (...) je ne puis me voir en mouvement, assister à mon mouvement ». Merleau-Ponty, *VI*, p. 308.

44. « C'est toujours de deux choses (dont il s'agit) l'une : ou vraiment ma droite passe au rang de touché, mais alors sa prise sur le monde s'interrompt, - ou bien elle la conserve, mais c'est alors que je ne la touche pas vraiment, elle, je n'en palpe de ma main gauche que l'enveloppe extérieure ». Merleau-Ponty, *VI.*, p. 194.
« En tant qu'il voit ou touche le monde, mon corps ne peut (...) être vu ni touché ». Merleau-Ponty, *PP.*, p. 108.

45. Merleau-Ponty, *VI.*, p. 303.

46. Merleau-Ponty, *VI.*, p. 299.

47. « Le schéma corporel ne serait pas schéma s'il n'était ce contact de soi à soi (qui est plutôt non-différence) (présentation commune à......X) ». Merleau-Ponty, *VI.*, p. 309.

48. Merleau-Ponty, *PP.*, p. 108.

49. Merleau-Ponty, *VI.*, p. 194.

50. Merleau-Ponty, *VI.*, p. 187.

51. Merleau-Ponty, *PP.*, p. 109.

52. Merleau-Ponty, *VI.*, p. 183.

53. Merleau-Ponty, *VI.*, p. 202.

54. Merleau-Ponty, *VI.*, p. 299.

55. Merleau-Ponty, *VI.*, p. 299.

56. Husserl, *Méditations cartésiennes*, p. 81.

57. Merleau-Ponty, *PP.*, p. 109.

58. « Ce (...) que je ne dois pas minimiser (c'est-à-dire la

réflexivité du corps) : c'est elle qui fait que le corps n'est pas fait empirique, qu'il a une signification ontologique ». Merleau-Ponty, *VI.*, p. 308. La parenthèse est de nous.

59. « Si je ne puis toucher mon mouvement, ce mouvement est entièrement tissé de contacts avec moi ». Merleau-Ponty, *VI.*, p. 308.

60. Cf. Merleau-Ponty, « Les relations avec autrui chez l'enfant », *Bulletin de psychologie*, pp. 319-320.

61. « Les concepts théoriques du freudisme sont rectifiés et affermis quand on les comprend, comme le suggère l'œuvre de Mélanie Klein, à partir de la corporéité devenue elle-même recherche du dehors dans le dedans et du dedans dans le dehors, pouvoir global et universel d'incorporation ». Merleau-Ponty, « Nature et logos : le corps humain », *Résumés de cours*, p. 178.

62. « La philosophie n'a jamais parlé (…) de la passivité de notre activité comme Valéry parlait d'un corps de l'esprit (…) ». Merleau-Ponty *VI.*, p. 274. Cf. *VI.*, pp. 324, 318, 314, 307. Également *Signes*, pp. 117-119.

63. Merleau-Ponty, *VI.*, p. 315.

64. Nous reviendrons sur la passivité au Chapitre 4.

65. Cf. Merleau-Ponty, *Bulletin de psychologie*, pp. 319-320.

66. Merleau-Ponty, *Bulletin de psychologie*, p. 320.

67. Identifier l'inconscient (le sur-moi) à l'intracorporel conduit d'après Merleau-Ponty à une idée plus concrète de l'inconscient. Cf. *Bulletin de psychologie*, p. 320.

68. Merleau-Ponty, *Bulletin de psychologie*, p. 320.

69. Merleau-Ponty, *Bulletin de psychologie*, p. 323.

70. En effet, Merleau-Ponty emploie également l'idée de l'incorporation. Cf. *Résumés de Cours*, p. 178.

71. « Voyant-visible = projection-introjection », Merleau-Ponty, *VI.*, p. 315.

72. Merleau-Ponty *VI*, p. 204.

73. Merleau-Ponty, *VI*, p. 315.

74. Merleau-Ponty, *Signes*, p. 119.

75. *Ibid.*, p. 117.

76. *ibid.*, p. 118.

77. *Ibid.*, p. 121.

78. *Ibid.*, p. 121 et p. 134.

79. Kwant, *From Phenomenology to Metaphysics*.

80. André Green, « Du comportement à la chair : itinéraire de Merleau-Ponty », in *Critique*, n° 211, Décembre 1964.

81. Cf. Merleau-Ponty, *VI*, pp. 175-204, p. 315.

82. Merleau-Ponty, « Nature et logos : Le corps humain », *Résumés de cours*, p. 178.

83. « Nature et logos : Le corps humain », *Résumés de cours*, p. 179. La parenthèse est de nous.

84. « Ce que j'appelle le cogito tacite est impossible ». Merleau-Ponty, *VI.*, p. 224.

85. Merleau-Ponty, *VI*, pp. 224-225.

86. Merleau-Ponty, *VI*, p 190. Note I et p. 202.

87. « Comprendre une phrase ce n'est rien d'autre que l'accueillir pleinement dans son être sonore, ou, comme on dit si bien, l'entendre ; le sens n'est pas sur elle comme le beurre sur la tartine, comme une deuxième couche de "réalité psychique" étendue sur le son : il est la totalité de ce qui est dit, l'intégrale de toutes les

différenciations de la chaîne verbale, il est donné avec les mots chez ceux qui ont des oreilles pour entendre ». Merleau-Ponty, *VI.*, p. 203.

88. « On touche ici au point le plus difficile, c'est-à-dire au lien de la chair et de l'idée, du visible et de l'armature intérieure qu'il manifeste et qu'il cache ». Merleau-Ponty, *VI.*, p. 195.

89. Ce sont justement ces problèmes qu'annonce le Chapitre 5 du *Visible et l'Invisible* comme sujet du Chapitre 6 qui n'a pas été écrit. Ce sont les mêmes problèmes qu'annonce le dernier résumé de cours (page 180), donné au Collège de France, comme sujet suivant d'études et que Merleau-Ponty n'a pas écrit non plus. L'analyse de ce rapport aurait conduit Merleau-Ponty à traiter de « l'idéalité » et de la « vérité ».

90. Merleau-Ponty, *VI.*, p. 195.

91. Merleau-Ponty, *VI.*, p. 198.

92. Cf. Merleau-Ponty, *PP.*, p. 448.

93. Merleau-Ponty, *VI.*, p. 289.

94. « L'idéalité pure n'est pas elle-même sans chair ni délivrée des structures d'horizon : elle en vit, quoiqu'il s'agisse d'une autre structure d'horizons. C'est comme si la visibilité qui anime le monde sensible émigrait, non pas hors de tout corps, mais dans un autre corps moins lourd, plus transparent, comme si elle changeait de chair, abandonnant celle du corps pour celle du langage (la parole), et affranchie par là, mais non délivrée, de toutes conditions ». Merleau-Ponty, *VI.*, p. 200. La parenthèse est de nous.

95. « Nous aurons donc à reconnaître une idéalité qui n'est pas étrangère à la chair, qui lui donne ses axes, sa profondeur, ses dimensions ». Merleau-Ponty, *VI.*, p. 199.

96. Merleau-Ponty, *VI.*, p. 203.

97. Merleau-Ponty, *VI.*, p. 190. Note I.

98. Cf. Merleau-Ponty, *VI.*, pp. 189-204.

99. « Voir, c'est cette sorte de pensée qui n'a pas besoin de penser pour posséder le Wesen », Merleau-Ponty, *VI.*, p. 301.

100. Merleau-Ponty, *VI.*, p. 190. Note I.

101. Merleau-Ponty, *VI.*, p. 303.

102. *Ibid.*, p. 203.

CHAPITRE II

LE *COGITO* ET LE PROBLÈME DE LA PAROLE
(l'inconscient primordial)

1. L'expérience transcendantale et le problème de la parole

C'est par les « mots » et leurs « combinaisons » que je « fais » l'attitude transcendantale, que je constitue la conscience constituante et que j'opère la réduction ou le *cogito*[1]. Si d'abord Merleau-Ponty fait de la combinaison des mots une condition de la constitution ou de l'attitude transcendantale, c'est parce que, pour lui, les mots pris un par un, c'est-à-dire isolément, n'ont pas leur sens complet. Ce qui ne veut pas dire que les mots pris en eux-mêmes sont dépourvus du pouvoir de signifier, car, s'il en était ainsi, on reviendrait au cartésianisme ou à l'empirisme : les mots n'auraient plus de sens, ce qui est absurde. Le même mot pris dans des contextes différents prend des significations différentes : les mots se déterminent les uns les autres et c'est leur « combinaison » qui constitue le sens complet[2]. Mais les mots ne renvoient pas, comme semble l'avoir cru Husserl, à des essences ou à des significations positives[3]. Car s'il en était ainsi, la parole ne serait plus de soi transcendantale ou créatrice. Croire en une conscience qui précède les mots ou à qui les mots renverraient, ce n'est qu'un mythe, pense Merleau-Ponty[4] : c'est par les mots et leur combinaison que je constitue la conscience constituante ou que je « fais » l'attitude transcendantale. L'illusion qu'il y a une pensée indépendante du langage vient, selon Merleau-Ponty, de la « parole parlée ». Celle-ci une fois constituée peut se répéter. L'expression une fois créée, devient une possession commune, d'où l'idée que la signification est un être éternel ou un Eidos[5]. Mais en deçà de la parole parlée, celle que tout le monde répète, celle qui est devenue un bien commun, il y a la « parole parlante », c'est-à-dire celle qui a été dite pour la première fois = la parole originaire. C'est celle-ci qui est la parole authentique, identifiée à la pensée[6]. Mais pour *Le Visible et l'Invisible*, la constitution n'est plus le propre de la « parole parlante » : elle est le propre de toute parole, ou de tout mot. Si cependant la « parole parlante » ne tient plus le monopole du pouvoir de signifier, elle ne perd pas pour autant son caractère de privilégié. Mais en tout cas, il n'y a pas de pensée hors les mots[7].

Ainsi, ce que l'on appelle les essences se ramène chez Merleau-Ponty à un champ d'idéalité, c'est-à-dire à cette dimension du corps : « la parole ». Le monde des essences est celui des fixations linguistiques[8]. Lorsqu'on prononce, par exemple, « c'est une table », « c'est un triangle », les mots prononcés « table » et « triangle » sont les essences[9]. La *Wesenschau* (l'intuition des essences de Husserl), si elle pense renvoyer à des êtres positifs déjà là, n'est qu'un mythe à rejeter[10]. La conscience transcendantale s'identifierait dans ces conditions à la conscience parlante.

Mais si le pouvoir de signifier relève uniquement des mots ou de la parole alors, voir, toucher, entendre, peindre, etc., ne se réduisent-ils pas, ou bien à un champ de passivité pure ou bien à des mouvements, mais dont la puissance de signifier le réel est nulle ? Lier strictement la « constitution » aux mots, n'est-ce pas, en outre, nier cette affirmation fondamentale de la *Phénoménologie de la perception* : « L'expression est partout créatrice et l'exprimé en est toujours inséparable »[11]? Mais du moins en liant ici la pensée à l'expression, Merleau-Ponty se distingue-t-il de l'intellectualisme : si, pour celui-ci, le monde se réduit à des idées ou à la pensée déjà là, pour notre auteur, celle-ci est à faire : elle est l'œuvre de l'expression. Certes, aucune expression, y compris la parole, ne peut, chez Merleau-Ponty, être comprise comme création ex nihilo : toute conscience est conscience de quelque chose, le problème est que la parole semble seule être dotée du pouvoir de signifier. Mais l'agent sensoriel, si la constitution ou le pouvoir de signifier relevait uniquement de la parole, ne serait plus une subjectivité signifiante.

Il est en effet impossible de réduire le sujet chez Merleau-Ponty au sujet parlant : c'est par ma main que j'apprends si cette pomme est dure ou non, et c'est par mes yeux que je prends une décision à son égard : elle est bonne à manger ou non. Ainsi, sans recours à des énoncés verbaux, des significations ont été faites : cette pomme est dure. On pourrait se demander si l'aveugle-né qui prononce les noms des couleurs en a une notion tout à fait exacte ou si celles-ci ne sont pour lui que des objets idéaux = des mots. En deçà de la parole, il y a le monde du silence, le monde perçu, des significations non langagières[12].

Si cependant Merleau-Ponty fait de la parole notre « champ de l'idéalité » ou si, en d'autres mots, Merleau-Ponty ne semble reconnaître le droit de constitution qu'à la parole, ce n'est pas là pour lui un pur hasard. Le monde perçu, le monde du silence, instaure lui aussi des significations, mais des significations sauvages = non développées. Celles-ci sont obscures et surtout mélangées. Le monde perçu n'est pas constitué de significations positives, déterminées et circonscrites[13]. Il n'y a là que des existentiaux, des champs : un champ tactile, un champ sonore ou un champ visuel[14]. Fasciné par un paysage, je lui confère implicitement des significations : c'est un beau paysage, me dis-je sans me le dire, je fais une certaine comparaison, j'ai déjà vu quelque chose qui ressemble à ce paysage, certains souvenirs commencent à se ré-animer, mais toutes ces significations restent indéterminées, non développées ou non achevées faute justement de mots[15]. Il y a là des significations, un pouvoir d'instaurer un sens, mais celui-ci reste potentiel ou non achevé. Ce n'est que par les mots que je peux amener ces significations à leur être total. Avant la parole il n'y a là que des significations « sauvages », un savoir silencieux, un pré-savoir ou un pré-sens dont l'agent est le « je peux », non le « je parle »[16,17]. Ce sont ces significations sauvages qui forment notre « inconscient primordial » : celui-ci est l'ensemble ou le complexe de nos champs intentionnels « non développés » et « non thématisés » : non développés faute de mots et non thématisés faute de ne pas opérer la réduction qui, elle aussi, exige les mots. C'est à ces champs intentionnels que se ramènent la « surdétermination » et l'ambiguïté des motivations[18]. Si Merleau-Ponty fait du monde du silence notre inconscient primordial, c'est que, pour lui, le monde d'être non développé de ces significations sauvages implique un mode de la conscience de soi, lui aussi non développé. Voir et parler sont tous les deux considérés comme des « anonymats » faute d'un *cogito* qui les thématise ou qui opère la réduction, mais le monde de présence à soi de la « parole parlante » et celui de la « perception muette » ne peuvent être nivelés : il y a dans la perception muette une présence à soi moins développée que celle de la «parole parlante», c'est-à-dire la parole dont l'objet est le monde. En voyant par exemple un paysage, certaines pensées sont déjà là, elles sont la vision elle-même, j'en suis implicitement conscient, mais en développant ce savoir silencieux, j'opère du même coup une modification dans ma conscience comme étant présence devant ce paysage. La chair sentante est en effet doublement informulée : doublement informulée, car d'une part elle doit se sublimer en chair parlante pour amener à leur état total ces significations sauvages et elle a d'autre part besoin des mots pour opérer la réduction. (Nous y reviendrons au paragraphe suivant).

Les mots ont ce caractère : ils rompent la fascination en laquelle l'agent sensoriel vivait avec le monde : l'objet devient «ob-jet». La parole déchire ou arrache des significations dans le tout indivis du nommable, comme le geste dans celui du sensible[19]. Mais pour revenir au problème de la constitution, quel est le rapport de l'agent idéel = la parole, à l'agent sensoriel ?

Le rapport de l'agent idéel (la parole) à l'agent sensoriel

Il y a des significations sauvages (= non langagières), mais ce sont celles-ci qui font l'armature du «je» transcendantal, c'est-à-dire du «je parle»[20,21]. C'est dans la perception ou le silence que la parole trouve son lieu natal : ma parole est prélevée sur un champ visuel, tactile ou auditif. Ma parole reprend – comme le présent reprend le passé – le sens sauvage et tente de le développer. Par la parole, j'actualise un pré-savoir,

un savoir silencieux ou pré-verbal. Prononcer par exemple :
« c'est un beau paysage », c'est reprendre par les mots ce que
mes yeux (ou mon champ visuel) avaient déjà « vu », « compris »
et « qualifié ». Mes yeux n'ont pas pu cependant se détacher du
paysage pour lui conférer cette signification qui est devenue
par le mot « beau » une possession ou un bien commun. Ma
parole a réalisé, en brisant le silence, ce que mes yeux ont « vu »,
« compris », qualifié et voulaient dire, mais sans y arriver[22]. Il y
a bien un rapport entre l'agent sensoriel et l'agent idéal. Celui-
ci est la « reprise » et la réalisation du premier. Mais c'est celui-
ci qui a fourni le point de départ. Mais encore le « je parle » n'est
pas la simple répétition de ce qu'a instauré le corps sentant,
car à quoi bon, s'il en est ainsi, parler de la parole comme
presque seule titulaire de l'expérience transcendantale ? Le
« je parle » est à comprendre comme un « je peux » de second
degré[23]. Si la frontière est supprimée entre le « je parle » et le
« je peux », si la différence est de degré et non de nature, on
pourrait comprendre celui-ci comme un « langage tacite ». Le
silence serait déjà, d'une certaine manière, une parole tacite,
car comment ce qui n'a jamais été parole pourrait-il un jour
changer de nature pour devenir parole[24] ? Mais inversement,
il y a du silence même dans la parole[25]. Il y a dans la parole
elle-même des éléments essentiels non prononcés[26]. Il y a des
éléments silencieux même dans la parole la plus parfaite[26]. Le
rapport entre « l'agent sensoriel » et le « je parle » est ce rapport
dialectique[27] : celui-ci est la reprise du premier.

Il y a en somme chez Merleau-Ponty deux degrés de
constitutions : le « je peux » (l'agent sensoriel) et le « je parle »
(l'agent idéel = la parole). « Tout cela (le je peux et le je pense)

appartient à l'ordre du "transcendantal" de Lebenswelt, c'est-à-dire des transcendances portant "leur" objet»[28]. Mais c'est là aussi deux degrés de constitutions: sensoriel et idéel. Les confondre, c'est la même chose que confondre la conscience (de) soi[29] avec le *cogito* cartésien: la conscience thétique de soi. Mais si du côté noématique, nous pouvions distinguer deux degrés de significations: sauvage et non sauvage, nous pourrions du côté noétique, c'est-à-dire de nos actes, distinguer un cogito pré-réflexif (tacite) et un cogito réflexif (parlé).

2.   Le *cogito* tacite et le *cogito* parlé

Nous comprenons à présent que la conscience est liée au corps, c'est-à-dire à la perception et au langage, la parole. Mais pour Merleau-Ponty parler, c'est toujours parler de quelque chose, et sentir c'est toujours sentir quelque chose. En d'autres mots, la conscience est liée non seulement au corps et au langage, mais encore au monde. Descartes et Kant ont cependant délié la conscience du monde[30]. C'est ainsi que Descartes est revenu du monde à la conscience, mais non à la conscience du monde telle qu'elle était: «conscience de quelque chose». Je suis sûr que je pense, disait Descartes, mais non sûr qu'il y a monde, qu'il y a quelque chose. Je suis sûr de voir, sûr de mes pensées mais non de leur contenu: je ne suis pas sûr qu'il y a devant moi un cendrier ou un livre mais je suis sûr de ma pensée de voir. C'est de cette manière que Descartes a délié la conscience du monde et a cru revenir à la conscience sans le monde. Si Descartes a révoqué le monde en doute, mais non le *cogito*, la raison, chez lui, en est que la pensée est originairement thématisée ou appréhendée. C'est la clarté du *cogito* qui en fait le premier principe de la philosophie : ce à partir de quoi il faut tout comprendre – est vrai ce qui est clair et distinct. Voir, c'est savoir qu'on voit : deux figures sur fond s'accomplissent au même moment et sans la parole. C'est, en d'autres mots, la « réflexivité totale » du *cogito* qui en fait le premier principe, qui fait que mes « actes » sont sûrs. Cette déliaison suppose chez Descartes que la conscience ne naît pas, comme le dit Sartre[31], portée sur le monde, mais sur elle-même. Elle suppose que la conscience est intériorité pure. Mais la conscience est-elle intériorité pure ? Est-elle originairement conscience de soi ? Est-elle sans la parole ?

Dire que je suis sûr de voir, mais non sûr qu'il y a quelque chose, délier ainsi la conscience du monde, c'est là un artifice intenable[32]. La perception est exactement, dit notre auteur, cet acte où l'on ne peut séparer l'« acte » de son « contenu », c'est-à-dire du terme sur lequel il porte : percevoir, c'est percevoir quelque chose. Les mots « voir », « sentir » et « entendre » impliquent par eux-mêmes un corrélat ou comme on dit un complément d'objet. Étant de part en part transcendance[33], la conscience est essentiellement référence au monde. Puisqu'on ne peut séparer de la perception la conscience qu'elle a d'atteindre l'objet lui-même, le « perçu » et la « perception » ont la même modalité existentielle[34] : « certitude » ou « doute ». Si je dis, par exemple, je vois une table au sens plein du mot « voir », il faut qu'il y ait là une table à voir – la certitude de la perception implique celle de son contenu. Et, réciproquement, si je doute de la chose perçue, ce doute portera sur la perception elle-même[35] : si je doute par exemple qu'il y a là quelque chose ou si je crois voir un fantôme, je conviendrai que je ne vois pas vraiment.

Réduite à elle-même, la sensation est toujours vraie, disait Descartes, l'erreur n'intervient que par l'interprétation transcendantale qu'en donne le jugement[36]. Mais en effet, il n'est pas plus facile de savoir si j'ai « senti » quelque chose que de savoir s'il y a là quelque chose. L'hystérique, par exemple, sent, mais il ne connaît pas ce qu'il sent, il perçoit des choses mais il ne tient pas compte de sa perception. Sa perception, pour ainsi dire, est opaque à lui-même. La certitude de la chose est impliquée dans la manière même dont la perception se développe : c'est une douleur du bras ou de la jambe, c'est du rouge opaque sur un plan ou c'est une atmosphère rougeâtre à trois dimensions. Bref, l'interprétation que je donne de ma perception est motivée par la structure même de la perception, elle jaillit de la configuration même des phénomènes[37]. « Il n'y a pas de sphère de l'immanence, (et) pas de domaine où ma conscience soit chez elle et assurée contre tout risque d'erreur. Les actes du Je sont d'une telle nature qu'ils se dépassent eux-mêmes et qu'il n'y a pas d'intimité de la conscience »[38]. Celle-ci est de part en part transcendance : elle s'épuise toute entière à viser le monde. C'est par cette transcendance que la conscience se constitue comme telle et qu'elle constitue le monde. Ce n'est donc pas une transcendance « subie », car une telle transcendance serait la mort même de la conscience – c'est une transcendance active[39]. Ma conscience ne peut être une simple notation des événements psychiques fermés sur eux-mêmes, et pas davantage un pouvoir constituant = créateur du monde. Car s'il en était ainsi, ma vision se réduirait à une simple pensée de voir. Or l'agent sensoriel et l'agent idéel ne se réalisent qu'en sortant d'eux-mêmes, en se référant à quelque chose. Le nominalisme a raison : même l'agent idéel doit se référer à quelque chose[40]. Pour que, par exemple, un sentiment d'amour soit un vrai sentiment, il faut absolument qu'il soit amour de quelqu'un. Même la pensée formelle, celle de géométrie, est une pensée intentionnelle : pensée liée au monde et à l'expression. Le triangle lui-même n'est pas un eidos, mais création contingente due au « je peux ». Mais de même que le triangle – ainsi que la démonstration et la construction du pont aux ânes par exemple – n'est pas une idée, il n'est pas davantage une chose en soi dans le monde : il est une structure gestuelle, une « formule d'une attitude », une certaine modalité de ma prise sur le monde, une structure[41]. « Le sujet de la géométrie est un sujet moteur »[42]. Mais, dira-t-on peut-être, c'est là une chose déjà dite par Kant : celui-ci a déjà parlé du mouvement du corps comme générateur de l'espace. Mais si Kant a donné l'impression de parler du « je peux » (du *cogito corporel*) ou de lier la pensée au corps, la motricité de celui-ci n'est pour lui qu'un instrument. Or dire que le sujet de la géométrie est un sujet moteur, c'est pour Merleau-Ponty dire que le corps n'est pas un objet (un morceau d'étendue), ni son mouvement un simple déplacement dans le monde objectif. Mon corps en tant qu'il est auto-moteur est la condition de possibilité de toute opération expressive et de tout ce qui constitue le monde culturel[43]. Il n'en va pas autrement pour le langage : le mot n'est jamais l'enveloppe d'une idée[44]. La parole possède en elle-même sa propre signification[45] : elle ne renvoie pas à une pensée achevée et pour soi. La pensée est immanente à l'expression et c'est pourquoi le sujet parlant trouve dans ses expressions plus qu'il ne pensait y mettre[46].

Quand l'intellectualisme réclame le retour des choses à la pensée des choses, ce n'est pas, pour lui, revenir à la perception telle qu'elle était : «perception du monde», revenir à l'Ego empirique pour le thématiser, mais c'est, pour lui, revenir à l'Ego transcendantal = un foyer des essences dont l'absolue transparence de soi à soi est la définition même. Husserl lui-même n'est pas, d'après *Le Visible et l'Invisible*, tout à fait indemne de ce préjugé[47] : revenir à une pensée achevée ou claire pour soi. L'empirisme vit d'ailleurs du même préjugé : s'il y a sens pour lui, celui-ci est donné dans le monde objectif. Mais lier la pensée à l'expression et définir la conscience par l'intentionnalité – référence à quelque chose d'autre qu'elle-même – c'est pour Merleau-Ponty s'interdire l'idée de revenir des choses à la pensée des choses comprises comme des *Wesen* ou des représentations. La vision n'est pas une idée, mais un acte[48]. Mais, étant une intentionnalité et pas une idée (au sens de la pensée réflexive de ce mot), ma vision est une «opération» qui ne se réalise et qui ne s'atteint que dans son corrélat : l'objet vu. Mais puisque la conscience est essentiellement conscience de quelque chose – c'est là où elle se réalise – elle ne peut être une conscience constituante au sens idéaliste de ce mot (car une conscience constituante ne se réalise pas dans les choses, mais elle les tire (crée) de son propre fond), ni être conscience de soi car elle ne s'épuise pas originairement à se viser elle-même, mais elle s'épuise toute entière à viser le monde[49]. C'est là où elle se réalise et c'est là où elle s'oublie. Ainsi, toute conscience de quelque chose n'est pas conscience positionnelle de soi.

Pour qu'il y ait conscience de soi[50], pour opérer la réduction[51], c'est-à-dire dévoiler le monde «sauvage» ou le *Lebenswelt*, pour revenir du monde à la pensée du monde, il faut avoir les mots. Ce que Descartes croyait être la pensée de la pensée n'est pas encore un *cogito*. Voyons ces affirmations dans l'exemple du langage.

Je lis les *Méditations*, mais en lisant Descartes je m'oublie. La merveille du langage, c'est qu'il se fait oublier[52]. Ce *cogito* n'est pas «je lis» mais «on lit en moi»[53]. Pour que ce «On» qui ne désigne personne, devienne un «Je» il faut que j'arrête ma lecture, que je change l'attitude de ma conscience, me prenne moi-même comme objet et commence à thématiser ma vie: à réfléchir sur un irréfléchi par la parole. C'est grâce à celle-ci que je pourrai dire «Cogito, ergo sum». Avant la réduction et la parole, il n'y a que: «On pense, on est»[54]. En somme, il ne peut y avoir de *cogito*, de conscience de soi, de figure sur fond que par les mots. De même que je ne peux lire Descartes que grâce au langage, c'est-à-dire qu'il ne peut y avoir de *cogito* lu que par celui-ci, de même, il ne peut y avoir de *cogito* (conscience de soi) que par les mots[55]. Ce n'est pas par hasard que Merleau-Ponty parle du langage comme condition du «cogito lu» et du «cogito parlé» (conscience de soi): le langage a pour lui une puissance particulière de faire exister des significations[56]. Pour penser la pensée, il faut avoir les mots. Le *cogito* lu (moi en train de lire Descartes) n'est qu'une pensée «anonyme». Et même lorsqu'il n'est pas question du *cogito* lu, quand il s'agit de l'agent sensoriel, celui-ci n'est pas sous la forme de «je vois» et «je touche»: c'est là aussi une perception anonyme: on perçoit en moi[57]. Le «cogito lu» n'est *cogito* (conscience de soi) que

lorsqu'il est devenu *cogito* parlé = il s'est exprimé en mots[57].
Mais en devenant « cogito parlé », en opérant la réduction, je
n'atteins pas l'idéal cartésien : « la réflexion totale ».

La réflexion (la parole) est toujours réflexion sur un acte
passé, sur un irréfléchi (= le *cogito* tacite). Il y a donc entre la
pensée (ma lecture de Descartes) et la pensée de la pensée (ma
réflexion sur ma lecture) un délai temporel, qui empêche que la
pensée et la pensée de la pensée s'accomplissent simultanément.
La reprise de ma pensée est condamnée à un certain retard
sur ma pensée : ou bien je lis, mais alors je m'ignore, ou bien
j'opère la réduction, je thématise mes *Erlebnisse*, mais alors
je ne lis plus. En revenant à moi, je thématise non pas mes
Erlebnisse à l'état naissant, mais un passé. À l'état naissant, mes
Erlebnisse n'arrivent pas à se thématiser. Dès lors, une réflexion
totale, un réfléchi qui coïncide avec un irréfléchi est impossible.
Même quand je reviens à moi pour thématiser un souvenir (ou
une rétention) grâce auquel la réflexion est possible, l'acte par
lequel je thématise celui-ci reste non-thématisé (un *cogito* tacite
= un irréfléchi) et si je reviens à celui-ci pour le thématiser, de
nouveau l'acte par lequel je le thématise reste non thématisé et
ainsi de suite à l'infini[58]. C'est là le sort de toute la conscience
temporelle[59]. Mais si d'une part le *cogito* exige les mots et si
d'autre part la « réflexion totale » est impossible, nos actes à l'état
naissant (le je parle et le je sens) ne sont-il pas des mouvements
en troisième personne ? Le *cogito* n'est-il pas impossible ?

Si Merleau-Ponty rejette le *cogito* cartésien et tout *cogito*
non opéré par le langage (les mots), Merleau-Ponty admet
bien, en revanche, un « cogito tacite ». La meilleure formule
pour préciser ce *cogito* est, à notre sens, celle de Sartre : toute

conscience de quelque chose est en même temps conscience (de) soi (la parenthèsc signifie qu'il s'agit d'une conscience non thétique de soi)[60]. Parler du *cogito* tacite, c'est admettre une certaine connaissance de soi pré-verbale. Mais cette connaissance n'est pas pour autant une figure sur fond et pas davantage une ignorance pure et simple de soi. Le *cogito* tacite est la condition du *cogito* lu (moi en train de lire Descartes) et du *cogito* parlé (moi en train de thématiser ma vie par les mots). Si faute de mots et faute d'opérer la réduction, le *cogito* s'ignore tout à fait, la conclusion est évidente : celui qui lit Descartes est « inconscient ». Mais alors les mots « cogito » et « sum » ne pourraient, dans ces conditions, avoir aucun sens[61] : je n'aurais jamais pu lire Descartes ou sentir quoi que ce soit « si je n'étais, avant toute parole, en contact avec ma propre vie et ma propre pensée et si le *cogito* parlé ne rencontrait en moi un *cogito* tacite »[62]. « Le langage présuppose bien une conscience du langage, un silence de la conscience qui enveloppe le monde parlant et où les mots d'abord reçoivent configuration et sens. (…) Par delà le *cogito* parlé, celui qui est converti en énoncé et en vérité d'essence, il y a bien un *cogito* tacite, une épreuve de moi par moi. Mais cette subjectivité indéclinable n'a sur elle-même et sur le monde qu'une prise glissante »[63]. C'est ce *cogito* tacite qui rend, selon Merleau-Ponty, les opérations expressives possibles. Mais ce *cogito* n'est là que comme un « On »[64]. Il est là comme un minimum pour ne pas tomber dans l'inconscient. C'est à ce *cogito* tacite, on l'a vu, que Merleau-Ponty réduit l'inconscient freudien.

Mais ayant admis le « cogito tacite », une certaine conscience (de) soi non verbale, un certain *cogito* déjà là avant la parole, Merleau-Ponty écarte deux malentendus possibles : 1) confondre le « cogito tacite » avec le « cogito parlé » celui qui est mis en mots, 2) croire qu'avec le *cogito* tacite on est revenu au cartésianisme : à un *cogito* déjà là, non lié au langage ou qui constitue même le langage.

Mais ni la signification du mot, ni le mot lui-même ne sont constitués par la conscience[65]. À supposer qu'il en soit ainsi, nous serions revenus avec le *cogito* tacite à un *cogito* indépendant du langage–ce qu'on a nié. Parler, ce n'est pas évoquer des images verbales ou prononcer des mots en imitant les modèles imaginés[65]. La psychologie moderne a montré que le mot n'existe pas comme une représentation ou un objet pour la conscience, le sujet parlant se jette dans la parole sans se représenter les mots qu'il va prononcer : il y a une présence motrice des mots qui n'est pas celle de la connaissance[65]. « Le mot "grésil" (par exemple) (…) est un certain usage de mon appareil de phonation, une certaine modulation de mon corps comme être au monde, sa généralité n'est pas celle de l'idée, mais celle d'un style de conduite que mon corps "comprend" en tant qu'il est une puissance de fabriquer des comportements, et en particulier des phonèmes »[65]. J'ai appris le mot « grésil » non en le décomposant et en faisant correspondre à chaque partie un mouvement de mon corps (par une conscience objectivante et analytique), mais je l'ai attrapé comme on imite un geste[66]. Il n'y a pas là une conscience au-dessus du « moi empirique », qui analyse et fait la synthèse de mes mouvements phonatoires et des parties diverses du mot. Celui-ci n'a jamais été analysé, inspecté ou connu, mais happé et assumé par une puissance motrice qui est mon corps[67]. Quant à la signification du mot, je l'apprends comme j'apprends l'usage d'un outil en le voyant utilisé dans certains contextes ou certaines situations[67]. Elle est « avant tout l'aspect » que le mot « grésil » « prend dans une expérience humaine, par exemple mon étonnement devant ces grains durs.(...) C'est une rencontre de l'humain et de l'inhumain (...) »[68]. Ainsi, le *cogito* tacite ne constitue ni le mot ni le sens du mot[68]. En admettant le *cogito* tacite, on ne revient pas à un *cogito* intellectualiste, à une « conscience indéclinable », déjà là ou indépendante du langage : il n'y a de *cogito* (de conscience de soi) que par la parole[69].

En liant cependant le *cogito* à la parole et en admettant le *cogito* tacite, Merleau-Ponty ne semble faire dans la *Phénoménolgie de la perception* qu'une concession. Il y a, selon Merleau-Ponty, une naïveté de Descartes qui ne voyait pas sous le *cogito* des *Wesen* le *cogito* tacite, mais il y aussi une naïveté (celle-ci est celle de la *Phénoménologie de la perception*) d'un *cogito* tacite qui se croirait adéquation à la conscience silencieuse[70]. En effet, le *cogito* tacite use de la parole implicite : sinon il ne pourrait jamais se développer pour devenir parole, « cogito parlé ». Et le *cogito* parlé, celui qui est exprimé en mots, n'est pas vide de tout silence[71]. Cependant, même si le *cogito* tacite use de la parole tacite, il n'est *cogito* que lorsqu'il s'est exprimé en mots sonores.

Il y a donc un *cogito* tacite, mais ce n'est pas là une conscience thétique de soi = une figure sur fond. Celle-ci attend d'être faite ou révélée par la parole ; c'est l'objet de la « réduction » au sens que donne Merleau-Ponty à celle-ci. Sans la parole, le *cogito* tacite ne se connaît que dans les situations-limites : quand, par exemple, il est angoissé par la mort ou quand il est l'objet du regard pour autrui[72]. Ce que l'on croit être le *cogito*, la pensée de la pensée, ne se pense pas encore, il a besoin d'être révélé[73] par les mots : « Le cogito tacite n'est cogito que lorsqu'il s'est exprimé lui-même »[74].

À la question maintenant de Michel Henry[75] : comment le corps – qui est devenu la subjectivité, le sol de toute intentionnalité et défini par l'extériorité (l'intentionnalité) – peut-il se connaître ? Nous répondrons de deux manières : l'une « muette » (non thétique), c'est lorsque le corps est obsédé par les choses et l'autre « parlante » (thétique) : c'est quand le corps ou plus précisément mes *Erlebnisse* font l'objet de la parole.

Mais avant d'opérer la réduction, opération qui exige les mots, il n'y a là qu'un pré-savoir de soi, un savoir sauvage (de) soi. Le « je peux » et le « je parle » sont tous les deux, du point de vue du *cogito*, de la réduction, un « esprit sauvage ». Le *cogito* tacite est le rejet du *cogito* cartésien et de l'inconscient freudien. Il est le rejet du *cogito* cartésien, car il n'est pas thématisé et le rejet de l'inconscient, car ce n'est pas un non-savoir radical de soi, mais un savoir sauvage de soi, un pré-savoir de soi comme on dit d'ordinaire : un « irréfléchi ». L'inconscient, c'est ce pré-savoir ou ce savoir sauvage de soi[76]. Le « je peux » et le « je parle » ne se connaissent pas comme des figures sur fond, mais comme un « fond ». Celui-ci n'est connu que comme un champ vague qui entoure un objet perçu.

L'inconscient, c'est cette perception ambiguë de soi[77]. Celle-ci n'est pas un non-savoir radical de soi, mais pas davantage une connaissance de soi. C'est un savoir non-reconnu ou informulé de soi[78]. C'est parce que le « je peux » et le « je parle » ne sont pas thématisés qu'ils font l'objet de la réduction. De même que

l'on n'a pas à confondre « l'agent sensoriel » et « l'agent idéal »,
on n'a pas à confondre le *cogito* tacite (= l'inconscient) avec le
cogito parlé. Celui-ci est une conscience thétique de soi, un « je
pense que », un effort de déceler la synthèse passive, alors que
le *cogito* tacite n'est qu'un champ[79] = une perception ambiguë
de soi.

3. Conclusion

Il y a en somme des raisons qui font que l'essence de la
subjectivité est de ne pas se connaître, c'est-à-dire de ne pas
être originairement une conscience thétique de soi. Car, d'une
part, toute conscience est conscience de quelque chose, c'est-
à-dire que celle-ci naît portée sur le monde et non sur elle-
même[80], et, d'autre part, pour opérer la réduction, il faut avoir
les mots. Mais la subjectivité ne peut s'ignorer tout à fait : si la
subjectivité ne se pense pas dès qu'elle est, elle ne pourra jamais
se penser[81]. Comment, se demande Merleau-Ponty, ce qui ne
pense pas, pourrait-il un jour commencer à penser[81] ? Un arbre
qui, par sa nature, est dépourvu de pensée, ne peut un jour se
mettre à penser. Si la conscience ne se pense pas dès qu'elle
est, elle serait une chose ou une force aveugle qui produirait
ses effets au dehors sans être capable de s'en rendre compte[81].
En liant la pensée au langage et plus précisément à la parole,
Merleau-Ponty ne dit nullement que le Je primordial s'ignore :
« s'il s'ignorait, il serait en effet une chose, et rien ne pourrait
faire qu'ensuite il devînt conscience »[82]. Ce que Merleau-Ponty
lui refuse, de même d'ailleurs que Sartre, c'est d'être une visée
thétique de lui-même et du monde en même temps[83]. De même
que le dit Sartre : pour compter des cigarettes, il faut avoir

conscience (de) compter[84], de même pour Merleau-Ponty : pour sentir (avoir le je peux), pour lire Descartes (avoir le *cogito* lu), pour parler (faire une parole parlante), il faut avoir une conscience (de) sentir, (de) lire et (de) parler. Dès lors toute conscience de quelque chose est en même temps conscience (de) soi. La conscience de quelque chose et la conscience (de) cette conscience comme étant conscience de quelque chose sont dans une relation circulaire[85]. Pour avoir conscience (de) soi il faut avoir conscience de quelque chose, car, comme l'a déjà dit Kant, c'est dans le monde que la conscience se découvre, mais pour avoir conscience de quelque chose, il faut avoir conscience (de) soi. Pour Merleau-Ponty, de même que pour Sartre, la conscience ne peut être définie que « simultanément par deux aspects en cause : toute conscience est à la fois conscience de quelque chose et conscience de soi comme étant conscience de quelque chose »[86].

Mais quel est enfin ce mode de présence (de) soi à soi qui est le *cogito* tacite ? Nous en avons déjà assez parlé. Merleau-Ponty de même que Sartre lui enlève cette structure typique de la connaissance : « sujet-objet ». Pour Merleau-Ponty on en sait la raison : une telle structure exige les mots. Faute de mots ou faute de ne pas encore opérer la réduction, il n'y a là qu'« ambiguïté » ou « obscurité »[87]. Et c'est finalement cette ambiguïté ou cette obscurité qui pour Merleau-Ponty doit être « l'inconscient primordial ». Celui-ci est cette perception « ambiguë » ou « informulée » de soi.

Prise d'une manière générale, cette manière de définir le *cogito* tacite (la conscience non thétique de soi) est vraie. Mais prise d'une manière précise, elle ne rend pas compte, à notre sens, de toute la complexité ou de l'ampleur de la vie intentionnelle. Si l'on définit la conscience par un champ d'intentionnalité, la parenthèse conscience (de) a ce défaut fondamental de niveler, du point de vue du *cogito*, nos champs intentionnels. Pour rendre compte, en toute rigueur, de nos champs intentionnels, certaines intentionnalités devraient être qualifiées de conscience (de) et d'autres de conscience ((de))… et ainsi de suite. En effet, Sartre ne le dit pas autrement : « il y a bien des degrés possibles de condensation et de clarté »[88]. C'est ce problème que nous devons maintenant voir avec celui de l'évidence et de la perception.

LES RÉFÉRENCES

1. Cf. Merleau-Ponty, *VI.*, pp. 224-225.
2. Kwant, R.C., *From Phenomenology to Metaphysics*, p. 24.
3. « Les mots ne renvoient pas à des significations positives et finalement au flux des Erlebnisse comme Selbstegegeben ». Merleau-Ponty, *VI.*, p. 225.
4. « Mythologie d'une conscience de soi à laquelle renverrait le mot "conscience" ». Merleau-Ponty, *VI.*, p. 225.
5. Cf. Merleau-Ponty, *VI.*, *PP.*, pp. 221-222. *PP.*, p. 459 et suivantes.
6. Merleau-Ponty, *VI.*, *PP.*, p. 207 et note 2.
7. Merleau-Ponty, *VI.*, *PP.*, p. 213.
8. « Ce que j'appelle l'essence du triangle n'est rien d'autre que cette présomption d'une synthèse achevée par laquelle nous avons défini la chose ». (Merleau-Ponty, *PP.*, p. 445). « Ce qu'on appelle idée est nécessairement lié à un acte d'expression et lui doit son apparence d'autonomie ». Merleau-Ponty, *PP.*, p. 447.
9. « ...le nom de l'essence de l'objet ». Merleau-Ponty, *PP.* p. 207.
10. « Il serait temps de rejeter les mythes de l'inductivité et de la Wesenschau qui se transmettent, comme des point d'honneur, de génération en génération ». Merleauponty, *VI.*, p. 155.
11. Merleau-Ponty, *VI.*, *PP.*, p. 448.
12. « Cependant il y a le monde du silence, le monde perçu, du moins, c'est un ordre où il y a des significations non langagières ». Merleau-Ponty, *VI.*, p. 225.

13. Il y a « des significations non langagières, mais elles ne sont pas pour autant positives. Il n'y a pas par exemple de flux absolu des Erlebnisse singuliers ». Merleau-Ponty, *VI.*, p. 225.

14. « Il y a des champs et un champ des champs, avec un style et une typique ». Merleau-ponty, *VI.*, p. 225.

15. Cf. Merleau-Ponty, *VI.*, p. 294.

16. « (…) je vais décrire au niveau du corps humain un pré-savoir ; un pré-sens, un savoir silencieux ». Merleau-Ponty, *VI.*, p. 232.

17. Le « je parle » est aussi un « je peux ». Nous utilisons quelquefois le « je peux » pour désigner l'agent sensoriel, c'est-à-dire le sujet en deçà de la parole.

18. Cf. Merleau-Ponty, *VI.*, pp. 233-234. « Critiquer l'inconscient de Freud sous ce biais : comme il faut revenir au phénoménal pour comprendre le prétendu jeu des "indices" perceptifs, – qui s'éclaire d'un seul coup quand on retrouve l'évidence des équivalences du monde –, de même il faut comprendre la surdétermination, l'ambiguïté des motivations en retrouvant notre rapport quasi perceptif au monde humain par des existentiaux fort simples et nullement cachés : ils sont seulement, comme toutes les structures, entre nos actes et nos visées et pas derrière eux ». Merleau-Ponty, *VI.*, p. 285.

19. Merleau-Ponty, *Signes*, p. 24.

20. Ce sont « les existentiaux qui font l'armature du champ transcendantal – et qui sont toujours un rapport de l'agent (je peux) et du champ sensoriel ou idéal.

L'agent sensoriel = le corps - l'agent idéal = la parole ». Merleau-Ponty, *VI.*, p. 225.

21. Par le « je peux » et le « je parle » on ne veut pas dire qu'il y a un « Je » c'est-à-dire une conscience thétique de soi. On veut seulement distinguer le corps comme parole et le corps comme sentir. Du point de vue de la conscience de soi, il n'y a là qu'un ON = « on peut » et « on parle ». Nous y reviendrons au paragraphe suivant.

22. « Le langage réalise en brisant le silence ce que le silence voulait et n'obtenait pas ». Merleau-Ponty, *VI.*, p. 230.

23. Merleau-Ponty, *VI.*, p. 230.

24. Cf. Merleau-Ponty, *PP.*, p. 463 et suivantes.

25. « Le silence continue (même pendant qu'on le brise) d'envelopper le langage ; silence du langage absolu, du langage pensant ». Merleau-Ponty, *VI.*, p. 230. La parenthèse est de nous.

26. Kwant, R.C., *From Phenomenology to Metaphysics*, p.36.

27. Merleau-Ponty, *VI.*, p. 230.

28. Merleau-Ponty, *VI.*, p. 225 (la parenthèse est de nous).

29. La parenthèse est de Sartre (*L'Être et le Néant*) pour dire qu'il s'agit d'une conscience non thétique de soi.

30. « L'analyse réflexive croit suivre en sens inverse le chemin d'une constitution préalable et rejoindre dans "l'homme intérieur", comme dit Saint Augustin, un pouvoir constituant qui a toujours été lui ». Merleau-Ponty, *PP.*, p. *IV.*, Cf. *PP.* p. III.

31. Sartre J-P., *L'Être et le Néant*, p. 28.

32. Merleau-Ponty, *PP.*, p. 429.

33. Merleau-Ponty, *PP.*, p. 431.

34. Merleau-Ponty, *PP.*, p. 429.
35. Cf. Merleau-Ponty, *PP.*, pp. 429-430.
36. Cf. Merleau-Ponty, *PP.*, p. 429.
37. Cf. Merleau-Ponty, *PP.*, p. 431.
38. Merleau-Ponty, *PP.*, p. 431.
39. Merleau-Ponty, *PP.*, p. 431.
40. « Le nominalisme a raison : les significations ne sont que des écarts définis ». Merleau-Ponty, *VI.*, p. 291.
41. Cf. Merleau-Ponty, *PP.*, p. 440-442.
42. Merleau-Ponty, *PP.*, p. 443.
43. Merleau-Ponty, *PP.*, p. 445. « Le mouvement du corps ne peut jouer un rôle dans la perception du monde que s'il est lui-même une intentionnalité originale, une manière de se rapporter à l'objet distincte de la connaissance ». Merleau-Ponty, *PP.*, p. 444.
44. Merleau-Ponty, *PP.*, p. 206.
45. « La parole est un véritable geste et elle contient son sens comme le geste contient le sien ». (Merleau-Ponty, *PP.*, p. 214). « La parole est un geste et sa signification un monde ». Merleau-Ponty, *PP.*, p. 214.
46. Cf. Merleau-Ponty, *PP.*, p. 445.
47. Certains pensent, comme le fait par exemple Joseph Moreau (l'*Horizon des esprits*) que Merleau-Ponty ne voit en Husserl que ce philosophe qui revient à l'expérience pour l'élucider et qu'enfin Merleau-Ponty ne fait jamais de Husserl un transcendantaliste – ce que Husserl n'est pas en fait. Ce reproche n'est pas tout à fait exact : Merleau-Ponty a pris deux attitudes à l'égard

de Husserl. Les textes les plus importants consacrés à Husserl se divisent en deux catégories :
a) *PP.* (Avant-propos V-XVI) ; *Signes* (« Le philosophe et son ombre », pp. 201-228).
b) *VI.* (« Interrogation et Intuition », pp. 142-171).
Dans les deux premiers textes, Merleau-Ponty parle de Husserl comme ambivalent : transcendantaliste et non transcendantaliste. Merleau-Ponty rappelle dans ces textes qu'il existe chez Husserl une réduction qui n'est pas dans le sens transcendantaliste. Dans le *VI.*, Merleau-Ponty critique Husserl et n'en parle, cette fois-ci, qu'en tant que transcendantaliste et il rejette catégoriquement la « réduction » et les essences husserliennes. La réduction et les essences reçoivent une définition qui est déjà dans la *Phénoménologie de la perception* : les essences, ce sont des fixations langagières.

48. Merleau-Ponty, *PP.*, p. 432.

49. « (…) il n'y a pas d'homme intérieur, l'homme est au monde, c'est dans le monde qu'il se connaît. Quand je reviens à moi à partir du dogmatisme de sens commun ou du dogmatisme de la science, je trouve non pas un foyer de vérité intrinsèque, mais un sujet voué au monde ». Merleau-Ponty, *PP.*, p. V.

50. « Pour avoir l'idée de "penser" (dans le sens de la "pensée de voir et de sentir"), pour faire la "réduction", pour revenir à l'immanence et à la conscience de… il est nécessaire d'avoir les mots ». Merleau-Ponty, *VI.*, pp. 224-225.

51. « Il s'agit d'opérer la réduction, c'est-à-dire, pour

moi de dévoiler peu à peu, ·et de plus en plus, – le monde "sauvage" ou "vertical" ». Merleau-Ponty, *VI.*, pp. 230-231. « L'échec de la thèse, son renversement (dialectique) dévoile la Source des thèses, le Lebenswelt physico-historique, auquel il s'agit de retourner ». Merleau-Ponty, *VI.*, p. 229.

52. Merleau-Ponty, *PP.*, p. 459.

53. « Je lis la *Deuxième Méditation.* C'est bien de moi qu'il y est question, mais d'un moi en idée qui n'est proprement ni le mien, ni d'ailleurs celui de Descartes, mais celui de tout homme réfléchissant ». Merleau-Ponty, *PP.*, p. 459.

54. Cf. Merleau-Ponty, *PP.*, p. 459.

55. Cf. Merleau-Ponty, *PP.*, p. 460.

56. Cf. Merleau-Ponty, *PP.*, pp. 459-460.

57. Cf. Merleau-Ponty, *PP.*, p. 460.

58. « Penser la pensée, c'est adopter envers elle une attitude que nous avons d'abord apprise à l'égard des "choses", et ce n'est jamais éliminer, c'est seulement reporter plus haut l'opacité de la pensée pour elle même ». Merleau-Ponty, *PP.*, pp. 453-454, Cf *PP.*, p. 460.

59. « Parce qu'il y a Einströmen, la réflexion n'est pas adéquation, coïncidence : elle ne passerait pas dans le Strom si elle nous replaçait à la source du Strom ». Merleau-Ponty, *VI.*, p. 226.

60. Cf. Sartre, *L'Être et le Néant*, pp. 16-29.

61. Merleau-Ponty, *PP.*, p. 460-461.

62. Merleau-Ponty, *PP.*, p. 461.

63. Merleau-Ponty, *PP.*, p. 462.

64. « Et comme il faut que je sois là tout de même pour

parler, il faut que je sois là pour percevoir – Mais en quel sens ? Comme on. » Merleau-Ponty, *VI.*, p. 244.

65. Merleau-Ponty, *PP.*, p. 461.

66. Merleau-Ponty, *PP.*, pp. 461-462.

67. Merleau-Ponty, *PP.*, p. 462.

68. Merleau-Ponty, *PP.*, p. 462.

69. « Toute la question est de bien comprendre le cogito tacite, de ne mettre en lui que ce qui s'y trouve véritablement et de ne pas faire du langage un produit de la conscience sous prétexte que la conscience n'est pas un produit du langage ». Merleau-Ponty, *PP.*, p. 461.

70. « Donc très important, dès l'introduction, d'introduire le problème du cogito tacite et cogito langagier. Naïveté de Descartes qui ne voit pas cogito tacite sous le cogito de Wesen, de significations. Mais naïveté aussi d'un cogito silencieux qui se croirait adéquation à la conscience silencieuse alors que sa description même du silence repose entièrement sur les vertus du langage ». Merleau-Ponty, *VI.*, pp. 232-233.

71. « Il faudrait un silence qui enveloppe la parole de nouveau après qu'on s'est aperçu que la parole enveloppait le silence prétendu de la coïncidence psychologique. Que sera ce silence ? Comme la réduction, finalement, n'est pas, pour Husserl immanence transcendantale, mais dévoilement de la Weltthesis, ce silence ne sera pas le contraire du langage ». Merleau-Ponty, *VI.*, p. 233.

72. Merleau-Ponty, *PP.*, p. 462.

73. Cf. Merleau-Ponty, *PP.*, pp. 462-463.

74. Merleau-Ponty, *PP.*, p. 463.

75. « Le concept d'âme a-t-il un sens ? », *Revue philosophique de Louvain*, année 1966, tome 64, pp. 23-24.

76. « L'occulte en psychanalyse (l'inconscient) est de cette sorte : une femme dans la rue sentant qu'on regarde sa poitrine et vérifiant son vêtement.(...) Certainement, si interrogeait une femme de bonne foi qui referme son manteau (ou au contraire) elle ne saurait pas ce qu'elle vient de faire. Elle ne le saurait pas dans le langage de la pensée conventionnelle, mais elle le saurait comme on sait le réprimé, c'est-à-dire non comme figure sur fond, mais comme fond ». Merleau-Ponty, *VI.*, p. 243.

77. Merleau-Ponty, *Signes*, p. 291.

78. « Dans un langage approximatif, Freud est ici (sur le problème de l'inconscient) sur le point de découvrir ce que d'autres ont mieux nommé perception ambiguë ». (souligné par l'auteur). Merleau-Ponty, *Signes*, p. 291.

79. « Le cogito tacite ne "pense" que des surdéterminations i.e. des matrices symboliques ». Merleau-Ponty, *VI.*, p. 294. « C'est l'idéalisation cartésienne appliquée à l'esprit comme aux choses (Husserl) qui nous a persuadés que nous étions un flux d'Erlebnisse individuels, alors que nous sommes un champ d'Être ». Merleau-Ponty, *VI.*, p. 293.

80. J-P. Sartre, *L'Être et le Néant*, p. 28.

81. Merleau-Ponty, *PP.*, p. 463.

82. Merleau-Ponty, *PP.*, p. 463.

83. « Nous lui (le Je primordial) avons seulement refusé la

pensée objective, la conscience thétique du monde et de lui-même ». Merleau-ponty, *PP.*, p. 463.

84. J-P. Sartre, *L'Être et le Néant*, p. 20.

85. « La visée d'un terme transcendant et la vue de moi-même le visant, la conscience du lié et la conscience du liant sont dans une relation circulaire ». Merleau-Ponty, *PP.*, p. 458.

86. Francis Jeanson : *Le problème moral et la pensée de Sartre*, p. 155. « Ce que je découvre et reconnais par le Cogito, (...) c'est le mouvement profond de transcendance qui est mon être même, le contact simultané avec mon être et avec l'être du monde ». Merleau-Ponty, *PP.*, p. 432.

87. Merleau-Ponty, *PP.*, p. 432.

88. Sartre, *Esquisse d'une théorie des émotions*, p. 34.

CHAPITRE III

LE *COGITO* ET L'ÉVIDENCE

Le « je pense » est indubitable, disait Descartes. Il s'agit là, pour lui, d'un moi qui se saisit lui-même après que le monde a été rejeté en doute. Mais qu'est-ce qui fait que le *cogito* soit indubitable ? C'est sa clarté et sa distinction. Je pense et je sais que je pense. Penser et avoir conscience de penser ne font, chez Descartes, qu'un seul et même acte. Descartes ne dit pas que toute pensée est pensée de quelque chose, car s'il en était ainsi chez lui, il faudrait qu'il doute de toute pensée corrélative d'un objet douteux et par conséquent du « doute » lui-même. Mais, en outre, la pensée chez lui n'implique pas d'horizon. Car, s'il en était ainsi, il faudrait que la conscience soit consciente de tous les rapports qu'un acte ou une pensée implique, secrètement ou non, avec les autres pensées y compris le passé ! La clarté du cogito, enfin, n'est pas chez Descartes inductive : $2 + 2 = 4$, mais intuitive. Le *cogito* se thématise dans chaque instant qui s'écoule. Ainsi le *cogito* a une connaissance intuitive – contact direct et immédiat – de lui-même. Mais la conscience n'a pas le même pouvoir de connaissance à l'égard des choses : celles-ci sont douteuses, problématiques et dans le domaine de l'erreur. Ce n'est que lorsqu'il est question d'elle-même que la conscience triomphe. Le monde « psychique » est le terrain privilégié de la conscience, aucune erreur n'y est possible. L'intuition cartésienne n'est pas, dit Léon Brunschvicg, de l'ordre du sensible, mais de l'ordre de la pensée[1]. « C'est même lui (l'intuition cartésienne) faire tort que de la réduire à l'appréhension de natures simples qui s'offriraient à titre de données immédiates »[1]. C'est pourquoi Brunschvicg dit que les cartésiens ont sauvé la philosophie en reportant sur les idées le privilège de l'évidence que les scolastiques ont, eux, accordé à l'expérience sensible[2]. Ainsi, l'évidence cartésienne n'est plus de l'ordre du sensible ; mais de l'ordre de l'intelligible[3]. L'évidence et l'intuition sont là synonymes. Rejeter le monde et revenir à soi, tel est le doute cartésien. On doute de tout contenu de la pensée, mais pas de la pensée elle-même. Le doute s'arrête devant le « je pense ». La clarté de celui-ci en fait le principe de toute la philosophie : principe à partir duquel il faut tout comprendre. C'est ainsi que, par le doute, le *cogito* cartésien se trouve replié sur lui-même dans une vie intuitive. Mais, cette intuition n'est en dernière analyse qu'une connaissance de son âme : la pensée ne relève chez Descartes que de l'âme[4]. Le corps, lui, n'est qu'un morceau d'étendue que je peux révoquer en doute comme je le fais de tout le reste. L'âme est ce qu'il y a de plus près de moi.

Si l'on veut résumer les raisons de la certitude cartésienne, on en trouve deux : la réflexion totale et le principe selon lequel rien n'est en nous dont nous n'ayons pas conscience[5]. Je doute et je sais que je doute : douter et avoir conscience de douter ne font chez Descartes qu'un seul et même acte. Et il n'y a rien dans mon doute ou dans ma pensée en général qui m'échappe.

Mais, nous l'avons vu, la conscience ne peut devenir conscience de soi, une figure sur fond, que par le langage, la parole. La conscience n'est pas originairement consciente de soi : l'intuition de quelque chose précède l'intuition intellectuelle, c'est dans l'objet que la conscience se découvre. C'est donc l'intuition sensible qui rend possible l'intuition intellectuelle. Penser la pensée est une pensée en retard sur l'intuition sensible[6]. Dès lors, douter de quelque chose et avoir conscience de soi en train de douter ne s'effectuent pas au même moment. Je doute et je sais que je doute ne font pas un seul et même acte comme le croyait Descartes. La réflexion, dit-on, est temporelle. En disant que je doute, je thématise un irréfléchi déjà passé, déjà loin. Il n'y a donc pas de réflexion totale. Être conscient de penser, c'est en effet être conscient d'avoir pensé. Il s'agit là de deux actes distincts. Mais, dès lors, puisque Descartes doute de tout contenu de la pensée et puisque le doute, comme on vient de le voir, n'est pas appréhendé dès sa racine – « je doute » et « je sais que je doute » ne font pas un seul acte – on peut douter du doute lui-même. Car le doute est lui-même un contenu de la pensée, un contenu de la conscience réflexive = il est antérieur à la réflexion. Le *cogito* réflexif, en d'autres mots, le prend comme n'importe quel objet ou thème de réflexion ou de thématisation. L'évidence cartésienne, l'absolue transparence de soi à soi, l'exclusion de toute idée de l'inconscient, nous le verrons, n'est pas pour Merleau-Ponty concevable. Si l'évidence pour Descartes, l'intuition intellectuelle et adéquate est l'exclusion de toute notion de l'inconscient, nous verrons que le rejet des évidences adéquates et de ce principe cartésien – principe selon lequel rien n'est en nous dont nous n'ayons pas conscience – est l'affirmation chez Merleau-Ponty de « l'inconscient » comme « significations inaperçues ».

Pour savoir si la conscience fait vraiment le tour de ses opérations, si évidences adéquates il y a, et si rien n'est en nous ambigu ou obscur, il faut interroger la perception. Toute conscience, dit Merleau-Ponty, est conscience perceptive, même celle que nous prenons de nous-mêmes[7]. La perception est un acte ou une opération par laquelle quelque chose devient présent pour nous[8]. Elle est, par définition, perception de quelque chose. Mais la chose n'est jamais entièrement saisie ou donnée. Elle ne se réduit jamais aux déterminations que j'en ai à présent. Les choses ne se donnent que par profils ou esquisses. Ainsi, ma perception se fait d'emblée dans un « champ » et dans le « monde ». Elle est, de sa nature, partielle et par là temporelle. Elle comporte par principe la contradiction de la transcendance et de l'immanence[9]. Ce caractère pourtant perspectiviste de la conscience ne doit pas être compris pour autant comme une dégradation d'une connaissance vraie qui, elle, fait le tour, d'un seul coup, de la totalité des aspects perceptifs de la chose[10]. Le perspectivisme n'est pas une déformation subjective de la chose : c'est là une propriété essentielle des choses[10]. « Le propre du visible, dit Merleau-Ponty, est d'avoir une doublure d'invisible au sens strict, qu'il rend présent comme une certaine absence »[11]. Ainsi, la perception des choses est toujours doublée d'un fond invisible, elle est essentiellement un point-horizon. Mais, de même que la perception extérieure, la perception intérieure ne fait jamais le tour de son objet : nos actes intentionnels. La synthèse perceptive est à jamais inachevée. Une perception adéquate, celle qui ferait le tour en un seul coup de son objet, est inconcevable. Mais, si la perception est essentiellement perspectiviste, le propre de chaque perception est d'impliquer un horizon : un horizon intentionnel. La perception ne fonctionne jamais comme élément simple. Chaque intentionnalité implique, pour parler comme Husserl, un « horizon indéterminé ». Mais, si chaque intentionnalité implique un horizon, la conscience ne fonctionne, quel que soit son objet, les choses ou nos actes, que sous forme de point-horizon. La conscience, thétique ou non de ses actes, n'est jamais consciente ou présente à toutes ses opérations. Essayons de mieux préciser ces affirmations : voir l'inconscient affirmé par la nature même de la perception.

Est-il vrai que la conscience est présente à toutes ses opérations ? Me voilà, par exemple, occupé à ma toilette et je fais plusieurs choses en même temps : je songe au cours que je vais donner tantôt, à la monade chez Leibniz, et je me savonne le visage[12]. Il y a de fait déjà là trois couches de visées simultanées :

> a) la pensée de Leibniz b) le savonnage de mon visage et c) moi-même en tant que présent à l'une et à l'autre[13]. Mais ce n'est pas tout : chacune de ces activités est en elle-même une structure complexe et mouvante[14]. On a là, si l'on peut s'exprimer ainsi, des « couches » et des « sous-couches ».

Mais qu'en est-il du point de vue du *cogito* de ces couches et sous-couches ? Husserl n'a pas hésité, lui, à qualifier ce halo qu'implique chaque intentionnalité de « totalement » indéterminé[15]. Mais dire « indéterminé », est-ce dire « inconscient » ? Pour E. Levinas, c'est bien là un « pont » entre la phénoménologie et la psychanalyse ; dire donc que chaque intentionnalité implique un horizon indéterminé, c'est, pour lui, dire que celui-ci est « inconscient »[16]. M. De Waelhens nous semble être ici plus nuancé. Considérées du point de vue thétique (conscience positionnelle de soi), aucune de ces couches n'est originairement thématisée comme telle. À supposer cependant que l'on me demande ce que je fais, je dirais : je pense à la pensée de Leibniz. La première devient ainsi une figure sur un fond. La seconde couche est la plus prête à devenir thétique. La troisième couche, elle, bien qu'en principe elle le puisse, est loin de devenir une visée thétique. Et, prises ensemble et abstraction faite de leur thématisation, ces couches et sous-couches ne sont pas à mettre sur le même niveau. Il y a là des degrés différents de clarté inhérents à chacune de ces structures. Le savonnage de mon visage, par exemple, est moins clair que ma visée de la pensée de Leibniz[17]. Ainsi, « cette multiple manière d'être à ses objets détermine pour la conscience une multiple manière d'être consciente. Et (…) cette multiple manière d'être consciente constitue (…) des modes plus ou moins prononcés d'être in-consciente »[18]. Et puisque pour Husserl revenir à nos actes, c'est revenir au « sens », ce sont donc des significations qui sont indéterminées, imperceptibles ou inconscientes. Et dévoiler ce que nos intentionnalités (ou notre conscience) comportent d'implicite, voilà l'objet de l'analyse intentionnelle[19]. C'est en quoi, d'autre part, consiste – selon Husserl – une réforme véritable de la psychologie[20]. Mais expliciter l'implicite de notre pensée, c'est opérer du même coup, du côté noématique une explicitation, c'est-à-dire élucider et préciser ce qui est « signifié » par la conscience[21]. Si donc l'éclaircissement des objets, la mise en évidence de comment ils ont été constitués exige l'analyse intentionnelle, c'est que l'intentionnalité est une visée donatrice du « sens »[22], et qu'elle est, en outre, ignorance de ce sens[23].

C'est là l'idée de l'inconscient, chez Husserl, impliquée par la profondeur de la vie intentionnelle.

La profondeur de la vie intentionnelle et la nature perspectiviste de la conscience sont les deux éléments en jeu dans le rejet des évidences adéquates et l'affirmation de l'inconscient chez Merleau-Ponty. Puisqu'elle est essentiellement perspectiviste et puisque chaque intentionnalité implique en outre un horizon, « la perception est inconscient »[24]. Toute présence auprès des choses, comme on l'a dit, est donc accompagnée d'une autre présence auprès d'elles, qui s'ignore. La conscience pense plus qu'elle ne sait qu'elle pense[25]. L'inconscient, c'est ce champ qu'implique chaque intentionnalité ; il est inconscient, car la perception est de sa nature, même lorsqu'elle est thétique, une figure sur fond. Cela ne dit pas que la perception est toujours une figure sur fond, car elle ne peut être une figure sur fond que par les mots, mais que son mode d'articulation tient du clair et du moins clair. Tout mon champ perceptif et intentionnel n'est pas actuellement une figure sur fond, mais je suis plus présent à certaines de mes activités qu'à d'autres. C'est dans ce sens général que l'on prend cette affirmation : « on ne perçoit que figure sur fond ». La perception n'est pas originairement figure sur fond au sens propre de ces termes. C'est à ce champ intentionnel que Merleau-Ponty réduit l'inconscient[26]. Un choix ou une décision, celui d'une carrière ou d'un mariage, par exemple, est inévitablement « surdéterminé ». Si, par exemple, j'ai choisi cette couleur, c'est parce qu'elle me convient, elle me donne l'air plus jeune ou moins jeune, plus sérieux ou moins sérieux et c'est aussi parce qu'elle convient à ma situation : se donner l'air joyeux ou triste. Mais un de ces motifs peut, seul, être le pivot et la conscience peut s'y méprendre, l'ignorer. L'inconscient n'est pas ici autre chose qu'une signification ou plutôt un ensemble de significations opérantes et méconnues = non perçues[27].

Mais quel est l'«être» de ces significations? En d'autres mots, ces significations inaperçues (noyau constitutif de l'inconscient) sont-elles de l'ordre du langage, du «symbolisme conventionnel»? Merleau-Ponty n'a nulle part parlé du symbolisme conventionnel comme d'un instrument constitutif de l'ambiguïté ou de la «surdétermination» qui serait l'origine des significations inaperçues. La subtilité des mots d'être «surdéterminés», «d'avoir des significations multiples» et de leurrer par là la conscience, Merleau-Ponty n'en a pas parlé. Dans une rencontre avec des psychanalystes, Merleau-Ponty exprimait même son malaise de voir la catégorie du langage conventionnel prendre toute la place[28]. Si Merleau-Ponty éprouve là un malaise, c'est parce que pour lui le langage parlé n'est pas la seule puissance significative du sujet : en deçà du langage constitué, il y a toute la puissance significative du corps. Le langage institué n'est qu'un comportement – un langage – supérieur[29]. Quand Merleau-Ponty analyse le langage, il le rapproche toujours, comme l'a dit Pontalis, de formes d'expressions pré-linguistiques telle que la peinture où il voit le même accomplissement du «sens», mais seulement sous une forme moins péremptoire[30]. L'être de ces significations inaperçues n'est donc pas à chercher dans un symbolisme conventionnel, mais dans l'ordre du symbolisme originaire[31]. On pourrait ainsi comprendre la critique que Merleau-Ponty adresse à Lacan – le rôle exagéré donné par celui-ci à la parole – et en particulier son opposition à l'interprétation que donnaient Laplanche et Leclaire de Politzer[32]. L'opposition d'une «lettre» et d'un «sens» ne rend pas compte, pense Merleau-Ponty, de l'intention majeure de Politzer[33]. Celle-ci consiste à retrouver un symbolisme primordial qui n'est pas de l'ordre du discours (du langage conventionnel) mais de l'ordre percéptif[33]. Ce symbolisme est à chercher non dans le discours, mais «dans une certaine articulation perceptive, dans un rapport entre le visible et l'invisible»[33]. La perception, puisque chaque perception est doublée d'une imperception, peut servir de modèle à ce symbolisme primordial[33]. Voir, ce n'est pas avoir besoin de former une pensée[33]. L'ouverture à l'être n'est pas, pense Merleau-Ponty, linguistique, mais perceptive[33]. Puisque ce symbolisme n'est pas de l'ordre linguistique, mais de l'ordre perceptif, l'inconscient ou l'être de ces significations inaperçues ne peut que se ramener à la profondeur de la vie intentionnelle. Merleau-Ponty réduit même l'inconscient freudien à ces couches de significations inaperçues[34]. Et presque toute la découverte freudienne – le refoulement, le complexe, la résistance et la régression – se trouve ramenée à ce paradoxe de l'activité «simultanée», «surdéterminée» ou multiple de la conscience. «Ce qui est requis par les faits que Freud décrit sous le nom de refoulement, de complexe, de régression ou de résistance, c'est seulement la possibilité d'une vie de conscience fragmentée qui ne possède pas en tous ses moments une signification unique»[35]. «La prétendue inconscience du complexe se réduit (…) à l'ambivalence de la conscience immédiate»[36].

On pourrait cependant se demander si en limitant l'idée de l'inconscient à des significations inaperçues, à ce paradoxe de la profondeur de la vie intentionnelle ou à ce symbolisme originaire, Merleau-Ponty n'en minimise pas forcément l'ambiguïté. Une théorie du langage donne, à notre sens, une signification nouvelle à cette ambiguïté des significations. Nous ne voyons pas dans la pensée de Merleau-Ponty ce qui pourrait vraiment s'y opposer. Car Merleau-Ponty n'est pas, par exemple, partisan de la théorie comme celle de la « référence divisée » de Quine[37], théorie d'après laquelle à chaque chose particulière doit correspondre un mot particulier. Merleau-Ponty ne nie pas l'universalité des mots, un noyau qui pourrait être constitutif de l'ambiguïté. Si Merleau-Ponty réduit les essences husserliennes au langage, à des fixations linguistiques, c'est parce que, comme l'a déjà dit M. Kwant[38], dans le langage il y a l'universalité et la généralité. Mais, puisque Merleau-Ponty n'a pas formulé de telles idées, nous n'allons pas nous y arrêter.

Mais, si dans notre expérience des choses, des significations restent inaperçues ou inconscientes en raison du fait que chaque intentionnalité implique un horizon et que la conscience ne fonctionne que sous forme de point-horizon (visible et invisible), opérer le doute cartésien ou la réduction phénoménologique, est-ce voir des évidences adéquates ? Est-ce, en d'autres mots, éliminer toute invisibilité au sein de nos actes ou à l'égard du *cogito* ? C'était là le sens de l'évidence adéquate chez Descartes. Si Husserl opère, lui aussi, une sorte de doute, nommé réduction, il revient, lui aussi, comme Descartes à nos actes, il n'y a pas pour autant chez lui des évidences adéquates. Pour lui, le moi pur est la première donnée apodictiquement saisie par la conscience, mais il n'est pas adéquatement saisi par elle[39]. Si la réduction peut amener à une évidence apodictique, elle ne peut nous livrer des évidences adéquates.

Pour Merleau-Ponty, aucune évidence ne peut être « adéquate » ou « apodictique ». Aucune pensée ou affirmation n'est consciente de toutes ses raisons d'être[40]. Aucun acte de l'esprit humain n'est entièrement en possession de lui-même quant à son sens[41]. Je n'ai donc pas une prise totale sur ma conscience, sur moi-même ou sur mon être[42]. Il y a des évidences, nous le verrons, mais non pour la raison que la conscience fait le tour de ses opérations : « dans ce que j'appelle ma raison ou mes idées à chaque moment, si l'on pouvait en développer tous les présupposés, on trouverait toujours des expériences qui n'ont pas été explicitées, des apports massifs du passé et du présent, toute une histoire sédimentée qui ne concerne pas seulement la genèse de ma pensée, mais en détermine le sens. Pour qu'une évidence absolue et sans aucun présupposé fût possible, pour que ma pensée pût se pénétrer, se rejoindre et parvenir à un pur "consentement de soi à soi", il faudrait, (...) qu'au lieu d'être moi-même je fusse devenu un pur connaisseur de moi-même et que le monde eût cessé d'exister autour de moi pour devenir pur objet devant moi »[43].

Il n'y a pas d'idée claire et distincte comme le voulait Descartes ou d'idées adéquates comme le voulait Spinoza, car, pour qu'une idée soit un « savoir absolu » il faut que j'en thématise tous les motifs : or, pour en thématiser tous les motifs, il faut que je cesse d'être situé[44] : c'est ce qui est impossible.

L'exigence de Merleau-Ponty est celle-ci : une évidence absolue ou adéquate est une évidence à qui rien n'échappe. Mais la synthèse perceptive, interne ou externe, est par définition «inachevée»[45]. On comprend que lorsque Descartes dit que le «doute» en tant qu'«acte» est transparent au *cogito*, il commet là deux erreurs aux yeux de Merleau-Ponty. La première, c'est l'identification des deux *cogito* : le *cogito* préréflexif et le *cogito* réflexif ; c'est, en d'autres mots, «l'ignorance de l'inconscient primordial».

La seconde, c'est sa méconnaissance de la nature perspectiviste de la conscience, de l'«inconscient comme signification ou fond inaperçu». En somme, revenir à soi, opérer le doute, ce n'est pas éliminer toute ambiguïté au sein de la conscience. On comprend à présent la comparaison de la perception interne à la perception externe : ni l'une ni l'autre ne fait le tour de son objet. Celui-ci, objet du monde ou nos actes, reste à jamais inépuisable. La conscience ne peut jamais, par principe, thématiser toutes les raisons d'aucun de ses actes.

Mais, si aucune évidence n'est absolue ou adéquate, y a-t-il malgré tout des évidences «apodictiques» pour Merleau-Ponty ? Comme aucune évidence n'est absolue ou adéquate, aucune évidence n'est «apodictique». Comment une évidence serait-elle apodictique si chaque perception peut être confirmée ou infirmée par des perceptions ultérieures, faute justement d'une évidence adéquate, celle qui fait le tour de son objet ? Comment, en d'autres termes, une certitude peut-elle être apodictique si la consistance du *cogito* est une consistance temporelle[46] ?

Aucune pensée n'est en effet apodictique[47]. Puisque nos

pensées sont temporelles, elles ne sont que des certitudes provisoires. Ce que je fais actuellement peut demain être confirmé ou infirmé, mon vécu n'est jamais tout à fait compréhensible, je peux l'interpréter, faire confiance dans la psychanalyse, mais demain ces interprétations feront l'objet d'une autre interprétation. Le rejet des évidences apodictiques est « la méfiance » dans ce témoignage que la conscience se donne de ses propres *Erlebnisse*. Mais, si toute perception est doublée d'une imperception et si en outre cette perception reste de droit douteuse – elle peut être confirmée ou infirmée, sa vérité dépend de l'avenir – le *cogito* n'est-il pas impossible ? La solution que donne Merleau-Ponty au problème de l'évidence ne consiste pas à doter la conscience d'un pouvoir de tout thématiser. L'évidence de nos actes n'est pas tirée de leur absolue transparence à nous-mêmes : celle-ci, on l'a vu, est impossible.

L'évidence de nos actes ou nos pensées tient à leur effectivité. Elle vient de ce qu'ils sont des actes « exercés ». Nos pensées sont certaines, évidentes et vraies lorsqu'elles sont des pensées « effectives ou exercées »[48]. Chaque pensée porte en elle-même sa propre certitude. Mais ce n'est pas ainsi que Descartes voyait la certitude. Celle-ci consistait chez lui dans l'absolue transparence de nos actes à nous-mêmes. C'est pourquoi le « doute » lui-même est certain, mais jamais son contenu, ce dont on doute. Or, pour Merleau-Ponty, puisque toute pensée est chargée de sédiments historiques, celle-ci est à interroger. On pourrait interroger même le doute au nom duquel on rejette toute chose. On pourrait douter du doute lui-même[49]. Il faut se demander pourquoi Descartes ne s'est pas arrêté devant le doute, puisque le doute, lui, en tant qu'acte, est absolument certain. C'est parce que, pense Merleau-Ponty, ce n'est pas un doute effectif[50]. Une fois que l'on doute sincèrement on s'arrête. Chaque acte porte en lui-même, non en tant qu'il est une figure sur un fond mais en tant qu'acte, sa propre évidence, et c'est une évidence qui s'impose. Le doute cartésien est en quelque sorte comparable au néant sartrien. De même que pour celui-ci aucun acte ne remplit la conscience, de même pour Descartes il n'y a aucune expérience, aucun acte qui puisse stopper le doute et remplir la conscience. Ce n'est pas de l'effectivité que la pensée tire sa valeur chez Descartes, mais c'est de son témoin, le « je pense » : la pleine clarté de la pensée à elle-même. Mais ce type d'évidence qui vient de l'effectivité elle-même ne change rien à l'idée centrale de notre auteur : aucune évidence psychologique n'est adéquate ou apodictique. Être engagé dans une pensée, dans un acte ou dans une société n'enlève pas tous les doutes[51]. Revenir au *cogito* n'épargne pas l'erreur, car, dès que la pensée ne fait pas le tour de son objet, l'erreur est toujours possible[52]. Ainsi, de droit, aucune évidence n'est apodictique, mais, de fait, on vit dans les évidences.

Pourrions-nous conclure qu'aucune évidence n'est pour Merleau-Ponty absolue ou irrécusable ? Nous ne serions pas là, non plus, fidèles à sa pensée. Si Merleau-Ponty n'admet aucune évidence interne (= psychologique) ou externe, comme absolue et irrécusable, il admet en revanche un autre type d'évidence « absolue et irrécusable » à savoir qu'il y a « monde », quelque chose ou une « opinion originaire »[53]. Avant toute perception d'un objet particulier, il y a comme son horizon, le monde. Celui-ci n'est pas un ensemble d'objets, mais le fond sur lequel les choses se détachent. La certitude ou l'évidence du monde, précède, selon Merleau-Ponty, toute analyse et toute thématisation : « c'est elle qui les rend possibles »[54].

Ainsi la certitude du monde est antéprédicative et même d'une certaine manière antéperceptive, car, condition de toute perception[55], toute perception la présuppose. On pourrait douter de toutes nos perceptions particulières, mais jamais du monde lui-même. Le doute est à l'intérieur du monde, mais pas du monde lui-même. Ainsi, si aucune évidence particulière n'est absolue ou irrécusable, celle du « monde » ou d'« il y a l'être » est irrécusable. Cette certitude cependant est très pauvre, car dès qu'elle veut se préciser ou se donner des contenus, nous sommes nécessairement renvoyés au devenir de la perception où l'existant se précise pour nous, mais où la vérité et l'unité de l'étant sont toujours présomptives[56]. En d'autres termes, l'existence du monde est une certitude et une vérité absolue, mais, dès que cette existence veut se préciser, elle tombe dans le rang des objets de la perception, se fragmente en étants particuliers et devient par conséquent constamment sujette à révision[57] : de droit douteuse. On pourrait aussi parler de l'être et des étants. L'être en tant que l'ensemble des étants est une certitude et une vérité absolue. Mais, l'être en tant que tel ou tel étant particulier n'est pas absolument certain, sa vérité et sa certitude sont présomptives. On s'aperçoit là d'une circularité entre l'être et l'étant. Pour atteindre l'étant, il faut passer par l'être (ou le monde) mais inversement pour préciser l'être il faut passer par l'étant particulier : ceci ou cela. C'est ainsi que Merleau-Ponty ne renonce jamais, malgré cette ontologie, au réalisme de la perception : toute perception implique un horizon imperceptible. La conscience, réflexive ou non, ne peut jamais tenir compte de toutes ses opérations noétiques. C'est cette transcendance, comme on l'a déjà vu, qui est constitutive de l'inconscient. Des motifs et des intentions opérantes échappent inévitablement à la conscience. Et c'est là aussi, comme l'a justement dit Pontalis, « la marque que l'irréfléchi est parcouru par une symbolisation primordiale antérieure à la discrimination linguistique, qu'il y a une puissance du sensible où joue déjà la dialectique de l'absence et de la présence, noyau qui constitue ce que nous appelons l'inconscient »[58].

Le problème de l'évidence, et corrélativement celui de l'inconscient, se pose encore chez Merleau-Ponty en termes de vérité. Un problème toujours lié en philosophie à celui de l'évidence est le problème de la vérité. Il semble cependant que l'on ne puisse parler vraiment de vérité qu'au niveau du discours. Celui-ci est constitutif, comme on le sait, d'un symbolisme conventionnel. Dans l'expérience, dit-on, la conscience est captivée, il n'y a ni vérité ni fausseté, mais croyance ou doxa. Pour parler de la vérité, la conscience doit thématiser ses objets – ce qu'elle ne peut faire qu'au moyen du langage, de la parole. De même, pour se connaître, avoir des vérités sur elle-même, la conscience n'a pas d'autres moyens plus efficaces que le langage, la parole. Mais en revenant à elle-même, la conscience vit-elle dans des vérités absolues ? La conscience arrive-t-elle, en d'autres mots, à se connaître tout à fait ? Il y aurait des « vérités absolues » (= connaissances adéquates) pour Merleau-Ponty s'il y avait des évidences absolues ou adéquates. Mais, puisque aucune perception ne fait le tour de ses objets, aucune vérité n'est absolue. En dernière analyse, c'est la perception qui fonde l'idée de l'évidence et celle de la vérité. Le discours n'étant qu'un autre niveau de la perception ne fonctionne pas autrement que la perception, le voir par exemple. La synthèse effectuée par le discours reste, comme toute synthèse perceptive, « inachevée ». Ainsi, puisque la synthèse est inachevée, il ne peut y avoir de vérités absolues. La même raison qui empêche d'avoir des évidences adéquates empêche qu'il y ait des vérités absolues.

Mais ne pourrait-on pas opposer la perception intérieure à la perception extérieure, comme le faisait Descartes, et résoudre par là le problème, c'est-à-dire avoir des « vérités » absolues au sein du *cogito* ? L'opposition serait possible si la conscience vivait, comme le croyait Descartes, indépendamment du monde. Mais puisque toute conscience est conscience de quelque chose, la perception intérieure vit de la perception extérieure ou, plus rigoureusement, ces deux perceptions sont inséparables. Même lorsque la conscience veut se déterminer elle-même (= se connaître), elle est obligée de se référer à des objets mondains : elle ne peut se dire ce qu'elle est, qu'en se jetant vers les déterminations des objets mondains[59]. Ainsi, puisque la synthèse perceptive est inachevée, des intentions échappent inévitablement à la conscience, celle-ci ne vit pas dans des vérités absolues : « je pense, et telle ou telle pensée m'apparaît vraie ; je sais bien qu'elle n'est pas vraie sans condition et que l'explicitation totale serait une tâche infinie »[60].

Ainsi, la fidélité à l'expérience perceptive, le rejet des évidences et des vérités absolues au sein du *cogito* est l'affirmation incontestable des « significations inconscientes ».

LES RÉFÉRENCES

1.   Léon Brunschvicg, « La pensée intuitive chez Descartes », *Revue de Métaphysique et de Morale*, T. XLIX (n° 1, 1937) p. 2.

2.   Merleau-Ponty, *L'union de l'âme et du corps chez Malebranche, Biran et Bergson*, p. 46.

3.   Léon Brunschvicg, *L'expérience humaine et la causalité physique*, p. 5, 3ème édition, 1949 ; cité par Merleau-Ponty, ibid., p. 46.

4.   « Mais qu'est-ce que donc je suis ? Une chose qui pense. Qu'est-ce qu'une chose qui pense ? C'est-à-dire une chose qui doute, qui conçoit, qui affirme, qui nie, qui veut, qui ne veut pas, et qui sent ». Descartes, *Méditations II, Œuvres et Lettres*, « Bibliothèque de la Pléiade », p. 278.

5.   Voir sur ce principe Geneviève Lewis, *Le Problème de l'inconscient et le cartésianisme*, p. 61 et suivantes. Voir aussi p. 298.

6.   « L'intuition de quelque essence particulière précède nécessairement dans notre expérience l'essence de l'intuition. La seule manière de penser la pensée, c'est d'abord de penser quelque chose, et il est donc essentiel à cette pensée-là de ne pas se prendre elle-même pour l'objet. ». Merleau-Ponty, *PP.*, p. 453.

7.   « Le primat de la perception et ses conséquences philosophiques », p. 120, *PP.*, p. 452.

8.   Merleau-Ponty, « Le primat de la perception et ses conséquences philosophiques », p. 152.

9.   Merleau-Ponty, *ibid.* p. 119.

10. Merleau-Ponty, *SC.*, p. 201.

11. Merleau-Ponty, *L'Œil et l'Esprit*, Gallimard, 1964, p. 85.

12. Voir sur tout cet exemple, A. De Waelhens, *L'Inconscient*, (ouvrage collectif), Desclée de Brouwer, 1966, pp. 375-377.

13. A. De Waelhens, *ibid.* p. 377.

14. *Ibid.*, p. 377. « La philosophie de Leibniz (cette visée seule) est un objet doué d'un horizon philosophique, linguistique, historique, culturel, voire dans l'exemple considéré, pédagogique, dont les éléments infinis en nombre jouissent d'une mesure d'implication et d'explication constamment variable ». A. De Waelhens, *ibid.* p. 377. La parenthèse est de nous. « Chaque état de conscience, dit Husserl, possède un "horizon" variant conformément à la modification de ses connexions avec d'autres états et avec ses propres phases d'écoulement ». *Méditations cartésiennes*, p .38.

15. E. Husserl, *Méditations cartésiennes*, p. 127.

16. « L'intentionnalité désigne ainsi, dit Lévinas, une relation avec l'objet, mais une relation telle qu'elle porte en elle, essentiellement, un sens implicite. La présence auprès des choses implique une autre présence auprès d'elles, qui s'ignore, d'autres horizons corrélatifs de ces intentions implicites et que la plus attentive et la plus scrupuleuse considération de l'objet donné dans l'attitude naïve, ne saurait découvrir. (...) L'intentionnalité porte en elle les horizons innombrables de ses implications et pense à infiniment plus de "choses" qu'à l'objet où elle se fixe. Affirmer

l'intentionnalité, c'est apercevoir la pensée comme liée à l'implicite où elle ne tombe pas accidentellement, mais où, par essence, elle se tient.(...) Cette découverte de l'implicite qui n'est pas une simple "déficience" ou "chute" de l'explicite, apparaît comme monstruosité ou comme merveille dans une histoire des idées où le concept d'actualité coïncidait avec l'état de veille absolue, avec la lucidité de l'intellect. Que cette pensée se trouve tributaire d'une vie anonyme et obscure, de paysages oubliés qu'il faut restituer à l'objet même que la conscience croit pleinement tenir, voilà qui rejoint incontestablement les conceptions modernes de l'inconscient et des profondeurs ». « La Ruine de la Représentation » in *Recueil Commémoratif*, La Haye, 1959, pp. 78-79.

L'idée d'une implication nécessaire, absolument imperceptible au sujet se dirigeant sur l'objet, ne se découvrant qu'après coup, dans la réflexion, ne se produisant donc pas dans le présent, c'est-à-dire se produisant à mon insu, met fin à l'idéal de la représentation et de la souveraineté du sujet, met fin à l'idéalisme où rien ne pouvait entrer subrepticement en moi ». Levinas, *ibid.*, p. 80.

17. Voir sur tous ces points A. De Waelhens, « Sur l'Inconscient et la pensée philosophique » in *L'Inconscient*, pp. 376-377.

18. A. De Waelhens, *ibid.*, p. 377.

19. « ...son opération originale (de l'analyse intentionnelle) est de dévoiler les potentialités "impliquées" dans les

actualités (état actuels) de la conscience ». Husserl, *Méditations cartésiennes*, p. 40.

20. « La seule réforme véritablement radicale de la psychologie réside dans l'élaboration d'une psychologie intentionnelle. Brentano la réclamait déjà, mais il ne vit pas malheureusement ce qui fait le sens fondamental d'une analyse intentionnelle, donc de la méthode qui seule rend possible une psychologie de ce genre, puisque seule elle nous révèle les problèmes véritables et à vrai dire infinis d'une telle science ». Husserl, *Méditations cartésiennes*, p. 42.

21. *Méditations cartésiennes*, p. 40.

22. Jean-François Lyotard, *La Phénoménologie*, p. 32.

23. Emmanuel Levinas, « La Ruine de la Représentation », in *Recueil Commémoratif*, La Haye, 1959, p. 78.

24. Merleau-Ponty, *VI.*, p. 243.

25. « La conscience d'autrui, le passé, la maladie, ne se ramène jamais dans leur existence à ce que j'en connais. Mais ma propre conscience en tant qu'elle existe et qu'elle s'engage ne se ramène pas davantage à ce que j'en connais ». Merleau-Ponty, *PP.*, p. 389.

26. Cf. Merleau-Ponty, *VI.*, p. 243.

27. « Qu'est-ce que l'inconscient ? Ce qui fonctionne comme pivot, existential, et en ce sens, est et n'est pas perçu. Car on ne perçoit que figures sur niveaux ». Merleau-Ponty, *VI.*, p. 243.

28. Cf. Merleau-Ponty, in *L'Inconscient*, p. 143, Cf. Pontalis, « Note sur le problème de l'Inconscient chez Merleau-Ponty », *Les Temps Modernes*, p. 300.

29. Merleau-Ponty, *VI.*, p. 230.

30. Pontalis, « Note sur le problème de l'Inconscient chez Merleau-Ponty », *Les Temps Modernes*, p. 301.

31. C'est ainsi que Pontalis a conclu : « (...) l'origine de l'inconscient ne serait pas à chercher dans le processus qui introduit le sujet dans le jeu symbolique, son être ne serait pas celui d'un discours fait de relations entre termes discrets mais prélevés sur le champ d'emblée intersubjectif de la perception, le seul où la communication ne soit pas "douteuse" ». Article cité, p. 302.

32. Jean Laplanche et Serge Leclaire, « L'inconscient : une étude psychanalytique », in *L'Inconscient*, Desclée de Brouwer, pp. 95-99.

33. Merleau-Ponty, in *L'Inconscient*, Desclée de Brouwer, p. 143 (compte rendu par Pontalis de l'intervention de Merleau-Ponty).

34. « L'essentiel du freudisme n'est pas d'avoir montré qu'il y a sous les apparences une réalité toute autre, mais que l'analyse d'une conduite y trouve toujours plusieurs couches de signification, qu'elles ont toutes leur vérité, que la pluralité des interprétations possibles est l'expression discursive d'une vie mixte, où chaque choix a toujours plusieurs sens sans qu'on puisse dire que l'un d'eux est seul vrai ». « Le problème de la passivité : le sommeil, l'inconscient, la mémoire », in *Résumés de cours*, Gallimard, p. 71.

35. Merleau-Ponty, *SC.*, p. 193.

36. Merleau-Ponty, *SC.*, p. 193. Merleau-Ponty se réfère à Goldstein, *Der Aufbau des Organismus*, p. 213.

37. Quine, *Word and Object*.

38. Kwant, *From Phenomenology to Metaphysics*, p. 169.

39. E. Husserl, *Méditations cartésiennes*, p. 18-20. «…l'ego transcendantal qui tombe sous le regard (le regard de celui qui opère la réduction phénoménologique) est bien saisi d'une manière apodictique, mais il est entouré d'horizons totalement indéterminés, limités par cette seule condition : que le monde et tout ce que j'en sais devienne de purs "phénomènes" ». *Méditations cartésiennes*, p. 127.

40. Merleau-Ponty, *PP.*, p. 452.

41. A. De Waelhens, *Une philosophie de l'ambiguïté, l'existentialisme de Merleau-Ponty*, p. 285.

42. Merleau-Ponty, *PP.*, p. 452.

43. Merleau-Ponty, *PP.*, pp. 452-453.

44. Merleau-Ponty, *PP.* p. 453.

45. « On peut dire de la perception intérieure ce que nous avons dit de la perception extérieure : qu'elle enveloppe l'infini, qu'elle est une synthèse jamais achevée et qui s'affirme, bien qu'elle soit inachevée. Si je veux vérifier ma perception du cendrier, je n'en aurai jamais fini, elle présume plus que je ne sais de science explicite. De même, si je veux vérifier la réalité de mon doute, je n'en aurai jamais fini, il faudrait mettre en question ma pensée de douter, la pensée de cette pensée et ainsi de suite ». Merleau-Ponty, *PP.*, p. 439.

46. Cf. Merleau-Ponty, *PP.*, pp. 456-457.

47. « (...) en réalité l'idée à laquelle nous donnons notre
     assentiment n'est valable que pour un temps de
     notre vie ou pour une période de l'histoire de la
     culture. L'évidence n'est jamais apodictique ni la
     pensée intemporelle, quoiqu'il y ait un progrès dans
     l'objectivation et que la pensée vaille toujours pour
     plus d'un instant. » « Le Primat de la perception et ses
     conséquences philosophiques », p. 120.

48. Merleau-Ponty, *PP.*, p. 454 : « Celui qui doute ne peut
     pas, en doutant, douter qu'il doute. Le doute, même
     généralisé, n'est pas un anéantissement de ma pensée, ce
     n'est qu'un pseudo-néant, je ne peux pas sortir de l'être,
     mon acte de douter établit lui-même la possibilité d'une
     certitude, il est là pour moi, il m'occupe, j'y suis engagé,
     je ne peux pas feindre de n'être rien au moment où je
     l'accomplis ». Merleau-Ponty, *PP.*, p. 457.

49. Merleau-Ponty, *PP.*, p. 457.

50. Merleau-Ponty, *PP.*, pp. 457-458.

51. Merleau-Ponty, *PP.*, p. 458.

52. Cf. Merleau-Ponty, *L'union de l'âme et du corps chez
     Malebranche, Biran et Bergson*, p. 63.

53. « (...) il y a une opinion qui n'est pas une forme
     provisoire du savoir (c'est le cas de ma perception
     actuelle), destinée à être remplacée par un savoir absolu,
     mais au contraire la forme à la fois la plus ancienne ou la
     plus rudimentaire et la plus consciente ou la plus mûre
     du savoir, une opinion originaire dans le double sens
     d'"originelle" et de "fondamentale". C'est elle qui fait
     surgir devant nous quelque chose en général, à quoi

la pensée thétique, – doute ou démonstration, – puisse ensuite se rapporter pour l'affirmer ou pour le nier ». Merleau-Ponty, *PP.*, p. 454. (Pour Merleau-Ponty, l'opinion originaire, Urdoxa, est en même temps un savoir. Or Husserl, lui, ne parle pas à propos du monde, d'après De Waelhens, du savoir mais d'une « Glaube » « croyance ». *Phénoménologie et vérité*, p. 47.

54.   Merleau-Ponty, *L'union de l'âme et du corps chez Malebranche, Biran et Bergson*, p. 63.

55.   A. De Waelhens, *Une philosophie de l'ambiguïté, l'existentialisme de M. Merleau-Ponty*, p. 402.

56.   De Waelhens, A., *ibid.*, p. 402.

57.   De Waelhens, A., *ibid.*, p. 402.

58.   Pontalis, « Note sur le problème de l'inconscient chez Merleau-Ponty », *Les Temps Modernes*, p. 302.

59.   A. De Waelhens, *Une philosophie de l'ambiguïté, l'existentialisme de M. Merleau-Ponty*, p. 285.

60.   Merleau-Ponty, *PP.*, p. 455.

CHAPITRE IV

LE *COGITO*, LA PASSIVITÉ, LE PASSÉ ET L'IMAGINAIRE

1. La passivité et l'historicité

C'est par une rectification du sujet, pense Merleau-Ponty, que l'on peut arriver à une définition de l'inconscient. Un sujet défini comme présence absolue de soi à soi est un sujet rigoureusement indéclinable[1]. Rien ne saurait lui advenir. Pas de signes naturels pour lui : affirmer des signes, c'est, pour les philosophies du *cogito*, reconnaître la passivité de la conscience, faire de celle-ci une passivité[2]. Connaître, c'est tout simplement poser. Si cette conscience veut considérer son passé, elle ne sait qu'en former la notion : entre mon présent actuel et mon passé rien n'existe de commun[3]. C'est par une suite d'éclatements continus que mon passé a cédé place au présent[4]. « Les divers temps et les diverses temporalités sont incompatibles et ne forment qu'un système d'exclusions réciproques »[5].

Mais la passivité est possible, dit Merleau-Ponty, dès qu'avoir conscience ne soit plus « poser » la « notion », mais réaliser une différence : avoir une figure sur fond[6]. La coexistence des temps est aussi possible dès que l'on définit la subjectivité non par la constitution, mais par l'« institution »[7]. Une conscience instituante peut être « instituée » : la présence du monde et celle d'autrui peut s'affirmer en elle – ou plutôt elle s'y affirme toujours. Le problème de l'inconscient est ici lié, chez Merleau-Ponty, à ces deux notions : la passivité et la temporalité. Et c'est celle-ci, nous le verrons, qui rend la prise de conscience difficile : dépassement et reprise étant si profonds, l'analyse intentionnelle ne peut déceler la part du passé dans le présent.

Toute intentionnalité est constituée, si l'on peut s'exprimer ainsi, de la passivité (la réceptivité) et de l'activité (la constitution). Nos actes ne sont, en d'autres mots, ni tout à fait passifs, ni entièrement créateurs quant à leur sens[8]. Dire que les choses me touchent et me voient – ou l'être parle en moi – ce n'est pour Merleau-Ponty, ni renouveler un animisme, ni user de métaphores sans aucune signification, c'est la passivité ou la réceptivité que Merleau-Ponty veut par ces métaphores insérer au sein de nos actes[9]. La passivité ou la réceptivité, c'est notre intériorisation des choses et d'autrui[10]. La passivité ou l'introjection est à l'origine de la formation du sur-moi.

Les conflits œdipiens sont caractéristiques de « l'institution » ou de la « réceptivité »[11]. Certains événements ou expériences ont doté la conscience de dimensions durables et par rapport auxquelles d'autres expériences auront sens et formeront une histoire ; certains événements ont « déposé » en moi un sens, qui fonctionne comme « appel » à une suite ou exigence d'un avenir[12].

Être institué, c'est continuer un système ou une expérience passé(e) dont le sens m'est imposé. Être institué, c'est « reprendre » et continuer une expérience passée dans l'avenir. Vivre, ce n'est pas seulement imposer des significations, dit Merleau-Ponty, mais aussi continuer un tourbillon d'expériences qui s'est « constitué » dans le passé[13].

Vu la « réceptivité » et l'institution, le sentiment n'est en première approximation, dit Merleau-Ponty, qu'une illusion et l'institution une habitude, puisqu'il y a transfert d'une manière d'aimer apprise ailleurs ou dans l'enfance, puisque l'amour ne porte jamais que sur une image intérieure de l'«objet», et que, pour être vrai et atteindre l'autre lui-même, il faudrait que l'amour ne fût pas vécu par quelqu'un[14].

L'amour pur est impossible[15] : il ne semble être qu'un écho du passé. Ainsi, un sur-moi est déposé en moi par la passivité ou la réceptivité[16]. Si j'étais une conscience de soi, ceci serait évidemment impossible. Ce sur-moi désigne tout ce que j'ai intériorisé (autrui et les choses) ou tout ce qui a déposé en moi un sens et que je répète à mon insu. Et c'est la temporalité qui rend ce sur-moi irréparable. Si pour Freud le présent est essentiellement répétition, il ne peut pour Merleau-Ponty être uniquement répétition et c'est pourquoi le sur-moi opère à mon insu : le temps étant «dépassement» et «reprise» on ne sait plus par quel élément il faut expliquer la conduite[17]. La temporalité comprise comme «dépassement» (création) et «reprise» (les rétentions) est constitutive de l'ambiguïté ou de l'inconscient. L'inconscient est lié à ces notions : la réceptivité et la temporalité.

Il est curieux de voir Merleau-Ponty parler si peu de la réceptivité et revenir à l'historicité de la conscience pour y voir tout le problème de l'inconscient. Par l'idée de la temporalité, Merleau-Ponty nous semble être bien à l'aise pour parler de l'inconscient – du passé qui inspire le présent à l'insu de la conscience – et se distancer des philosophies de la conscience et de l'idée freudienne du présent compris comme pure répétition du passé. La temporalité est essentiellement chez Merleau-

Ponty « dépassement » (création) et « reprise » (conservation). Mais, puisque le dépassement et la reprise se font d'une manière si profonde, il est impossible de circonscrire nos « Erlebnisse » en une série individuelle pour dire : ceci est mon amour d'hier, je l'ai reçu dès mon enfance et ceci est mon amour personnel : amour pur. Et il est aussi impossible de dire : ceci est mon amour, le circonscrire, et ceci est ma jalousie. Il faut donc comprendre tout acte de reprise (répétition d'une expérience passée) comme acte de dépassement (création) et inversement, tout acte de dépassement comme un acte de reprise. Puisque tout acte de reprise est un acte de dépassement, il est bien impossible de dire : puisqu'il n'y a pas d'amour pur, le sentiment d'amour n'est qu'un écho du passé[18]. Mais cette dialectique du passé et du présent, de dépassement et de reprise est loin de simplifier le problème du sur-moi (l'inconscient) ; tout y réside : comment savoir ce qui est venu du passé et comment en préciser encore la part reçue (la réceptivité) ? Il y a une « simultanéité » du passé et de l'avenir, une cristallisation de l'un sur l'autre – et du sujet et de l'objet – au point qu'il est difficile de préciser cette part importante du passé : cette part qui oriente le flux de l'expérience. Cette dialectique de « dépassement » et de « reprise » se trouve, selon Merleau-Ponty, dans notre vie, dans le travail du peintre et même dans le savoir théorique[19] :

Pour faire ses propres œuvres, le peintre prend appui sur celles de ses devanciers : même dans ses propres œuvres, ce sont celles des devanciers qu'il « reproduit ». C'est le passé des autres qui réapparaît dans ses œuvres actuelles et à venir. Et même, entre ses œuvres à venir et celles d'aujourd'hui, il y a une simultanéité : ce sont celles d'aujourd'hui que ses œuvres à venir vont reproduire. Mais cette reproduction est liée à celle du dépassement. La même dialectique qui s'offre entre ses propres œuvres (passées et à venir) s'offre entre celles de ses devanciers et les siennes : « Le peintre apprend à peindre autrement en imitant ses devanciers »[20]. La circularité entre le passé et l'avenir se trouve dans le savoir même, dit théorique[21]. La temporalité comprise comme synthèse, c'est-à-dire dépassement et reprise, est constitutive de la vie humaine.

« Il y a simultanément décentration et recentration des éléments de notre propre vie, mouvement de nous vers le passé et du passé ranimé vers nous (…) »[22]. Le passé comme reprise est en travail contre le présent : le présent est jusqu'à un certain point répétition. Mais, si l'idée du « dépassement » et de « conservation » permet de dépasser Freud – car pour celui-ci le passé l'emporte sur l'avenir – et les philosophies de la conscience – car pour celles-ci le présent est une pure création et par conséquent il n'y a pas d'idée de reprise – elle n'est nullement une solution au problème de l'inconscient, au contraire, elle en est l'élément constitutif : vu la complexité du temps – dépassement et reprise – on ne peut plus voir la « part » du passé dans le présent. Vu la passivité et la temporalité, l'inconscient serait « notre institution primordiale »[23], institution qui est à l'origine du sur-moi. Celui-ci serait un ensemble d'armatures organisatrices ou une matrice symbolique, qui détermine, sans le déterminer entièrement, notre rapport avec le monde et autrui. Mais, qu'en est-il de cette « institution » du point de vue du *cogito* ? Faire de cette institution ou de ce sur-moi un non-savoir radical ou un en-soi kantien, c'est aller beaucoup plus loin que Merleau-Ponty. C'est au problème du temps que Merleau-Ponty a lié le problème de la reconnaissance du sur-moi (notre institution primordiale) et du passé en général. Donc, pour mieux saisir la pensée de Merleau-Ponty, nous devons analyser un peu mieux la nature du temps.

Définir la conscience par la temporalité, c'est-à-dire acte de dépassement et de reprise, c'est dire que la conscience est essentiellement « référence » au passé et à l'avenir. De même qu'en raison de ses potentialités dont il est lourd, un événement renvoie au passé et à l'avenir[24], un présent actuel est « déchiré » entre un passé qu'il reprend et un avenir qu'il projette[25]. Mon champ de présence comporte un horizon de passé et un horizon d'avenir. Dans l'instant actuel, par exemple, où je travaille, j'ai derrière moi toute la matinée écoulée et devant moi tout l'après-midi. Mon champ de présence se prolonge en horizon de « rétentions » (je tiens encore en main ma matinée) et se projecte en horizon de « protention » (ma matinée s'achève en repas). Mais, étant un horizon mouvant, mon présent actuel, le moment d'écouter cette mélodie, se modifie dès qu'un autre moment ou une autre « protention » arrive au présent. À chaque instant qui vient, l'instant précédent se modifie : du présent qu'il fut, il devient « passé immédiat ». Cette « rétention » je l'ai encore en mains, elle est là, cependant elle n'est plus le présent qu'elle fut : elle sombre déjà dans le passé immédiat. Pour la garder, je dois me tourner vers elle et traverser pour la rejoindre une mince couche de temps. En y retournant, c'est bien mon présent d'il y a un instant que je rejoins, j'ai donc bien le pouvoir de l'atteindre, je ne suis pas coupé de lui, et ce n'est cependant pas tout à fait lui que j'atteins : « il ne serait pas passé si rien n'avait changé »[26]. Et quand une troisième «protention» se réalise tout à fait comme présent, le moment originaire d'entendre la mélodie qui est actuellement une «rétention» se modifie de nouveau : de la rétention qu'il fut, il devient rétention d'un second degré, c'est-à-dire rétention de rétention. Mais, en devenant rétention de rétention, la distance s'épaissit inévitablement entre lui et moi.

Lorsque Merleau-Ponty parle de l'acte de dépassement et de reprise comme l'élément responsable entre autres (la passivité) de l'inconscient du passé, il s'agit chez lui d'un mouvement temporel fort complexe. Pour mieux le saisir, voyons ce mouvement sur un schéma. Nous ajouterons, comme l'a fait Lyotard, au schéma de Merleau-Ponty (dont l'essentiel est emprunté à Husserl), les perspectives symétriques des protentions pour être plus complet :

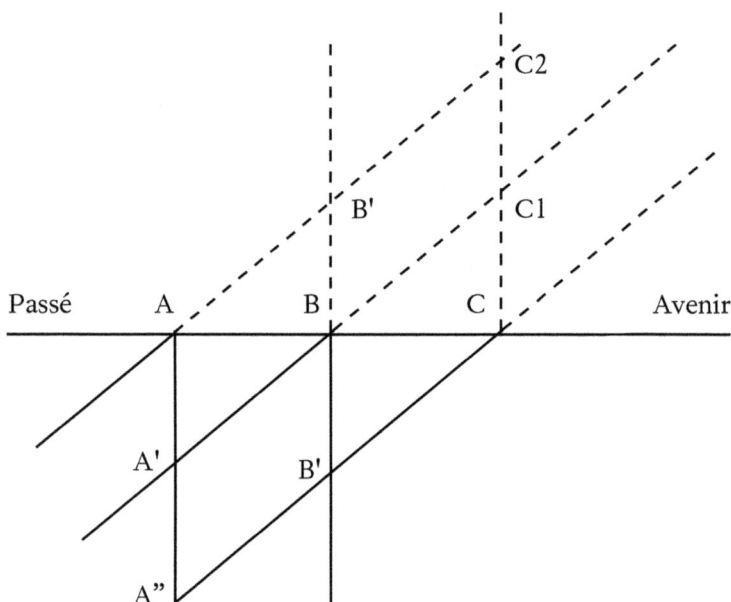

D'après Husserl Zeitbewunstsein & la traduction française, p.43), Merleau-Ponty, *PP.*, p.477 et Lyotard, *La phénoménologie*, p.98.

a)   la ligne horizontale : la série des « maintenant »

b)   les lignes obliques : les esquisses de ces mêmes « maintenant » vues d'un maintenant ultérieur

c)   les lignes verticales : les esquisses successives d'un même « maintenant »

Quand je passe de A à B (de mon premier instant d'écouter la musique au second instant) A se profile en A' – et quand je passe de B à C, A' se profile en A" et B en B'. A étant par exemple le moment que j'ai passé à écouter la IXe symphonie à l'opéra de Londres et A' et A" ce même moment tel qu'il m'apparaît au fur et à mesure que je m'en éloigne. A' est la rétention de A et A" de A' et B' est la rétention de B, etc. Le temps est un réseau d'intentionnalités et non une ligne[27]. À chaque instant qui vient, l'horizon temporel se modifie tout entier et la distance se crée de plus en plus entre mon présent au sens strict (cette heure de travailler) et mon passé (ma perception originaire de la IXe symphonie). Mais, par le système de rétentions, A se trouve constamment « retenu » et « reconnu » à travers ses esquisses A' et A". Ma perception originaire (entendre la IXe symphonie) ne tombe pas dans le néant dès que je sors de l'opéra, dès que d'autres perceptions viennent de s'effectuer : prendre le métro et voir les lumières de la ville[28]. C'est grâce à ce système de « rétentions » – généralement on dit souvenirs – que ma conscience n'est pas uniquement (comme le croit Bergson) conscience du présent, mais aussi conscience du passé. Mais si le temps glisse constamment dans le passé, comment pourrais-je encore dire : tout dépassement est un acte de « reprise » ? Comment, en d'autres termes, ce passé m'est-il donné ? Ne faut-il pas une synthèse d'identification ? Si A' se trouve constamment « reconnu » comme rétention de A et A" de A', c'est, dit-on, qu'une synthèse d'identification les réunit.

Cette idée kantienne de synthèse détruit, selon Merleau-Ponty, le temps lui-même. Car dire que A, A' et A" sont rigoureusement unis dans une synthèse d'identification, c'est pour notre auteur, faire de A une unité idéelle[29]. Mais faire de A une unité idéelle, c'est nier le passé : une unité idéelle ne saurait se dégrader. Avec la synthèse d'identification, il ne peut y avoir du temps : tous les moments antérieurs à A' et A lui-même sont « identifiables », le temps n'a plus ce caractère de « fuite » et de confusion, l'avant et l'après que l'on distingue par le glissement même du temps perdent leurs sens et la série temporelle n'est plus distinguable de la multiplicité spatiale[29]. La synthèse d'identification a ce défaut, d'après Merleau-Ponty, de figer le temps : celui-ci n'a plus ce caractère de dépassement et de reprise. Mais alors comment faut-il expliquer la synthèse du temps, celle des esquisses entre elles (A' A") et celle du passé, du présent et de l'avenir (ABC) ? Il n'y a pas pour Merleau-Ponty de problème : nous ne sommes pas devant une « diversité », l'unité est donnée. Ainsi, c'est la problématique kantienne elle-même qui est modifiée : on n'a pas A' puis A", c'est A' lui-même qu'on voit à travers A"[30]. Et de même qu'entre A', A" et A il y a une unité naturelle, de même entre A, B et C (le passé, le présent et l'avenir) l'unité est donnée – c'est ce que l'on exprime quand on dit le temps est d'un seul coup passé, présent et avenir[31]. C'est généralement cette problématique de diversité des instants que l'on pose qui conduit à parler d'un « Je » empirique et d'un « Je » transcendantal, principe de la synthèse. Mais, si la diversité n'existe plus, l'existence d'un « Je » transcendantal est injustifiable.

Il n'y a pas pour notre auteur de « Je » : principe de la synthèse[32]. Le temps est à comprendre comme la chair ou le chiasme. Mais l'affirmation de l'unité du temps ne revient pas chez Merleau-Ponty à niveler le temps, car c'est pour cela qu'il a rejeté la synthèse d'identification. En effet, Merleau-Ponty opère une distinction fondamentale : il y a, selon lui, une synthèse d'identification et une « synthèse de transition », ou comme on dit souvent, la synthèse passive.

Il y a bien une synthèse d'identification, mais, non dès le départ de notre spontanéité ou de la temporalité. Il n'y a de synthèse d'identification que lorsqu'un souvenir (une rétention) est rendu exprès, c'est-à-dire lorsque par un acte libre, j'évoque mon passé lointain, lorsque dans ma conscience du passé, je réalise des modes dérivés[33]. Et pour vraiment opérer la synthèse d'identification, il faut comme l'exige chez Merleau-Ponty toute réflexion, avoir les mots. Il y a la synthèse d'identification quand par exemple j'accroche un souvenir (l'achat de ma montre) à sa date précise : je l'ai achetée tel ou tel jour et dans telle ou telle ville. Mais au-dessous de la synthèse d'identification ou intellectuelle, il y a la synthèse passive ou de transition. Au-dessous de l'intentionnalité d'acte (la réflexion), il faut reconnaître une intentionnalité opérante (la spontanéité ou l'irréfléchi[34]). La première est une conscience positionnelle du passé. C'est une conversion du passé en idée[34]. Mais la synthèse d'identification ne serait pas possible s'il n'y avait pas l'intentionnalité opérante[34]. Notre passé ne nous est donc pas transparent : ce n'est pas par une synthèse d'identification que nous le possédons.

Notre passé est sans cesse plus rétentionnel, mais il n'est jamais pour autant aboli. Son existence pèse constamment sur le présent[35]. C'est sur l'idée de « rétention » et de « transition » que se trouve fondé le concept de la « mémoire » chez Merleau-Ponty[36].

Par l'idée d'un passé vécu, mais jamais aboli[37], Merleau-Ponty rejoint Freud et Bergson. Mon présent n'est jamais nettoyé de mes expériences passées. Celles-ci me sont présentes dans chaque instant comme « horizon »[38]. Le passé est une dimension irrécusable de la subjectivité[39]. Il est impliqué, affirmé et repris dans chaque opération expressive[40]. En devenant passé, un événement ne cesse pas pour autant d'être présent. Mais cette présence de même que celle de l'avenir ne sont évidemment pas à confondre avec le présent vivant. La présence du passé comme celle de l'avenir n'est qu'une « présence virtuelle ». Mais si l'on ne peut confondre les phases temporelles, cela n'empêche pas que l'essence de la temporalité soit appel (reprise du passé tel que le diagramme l'explique) et anticipation (par protention). La reprise du passé dans le présent nous est maintenant claire et nous ne pouvons analyser en détail tous les problèmes qui touchent au temps. La question maintenant est celle-ci : qu'en est-il de ce passé dont on a dit qu'il a le pouvoir d'orienter l'avenir, qu'en est-il de notre institution primordiale du point de vue du *cogito* ?

Le passé peut être récupéré, d'après la *Phénoménologie de la perception* sous deux formes distinctes : c'est ou bien sous forme d'« horizon » ou bien sous forme de « figure ». Le passé peut être récupéré sous forme d'un « souvenir exprès » – c'est le cas où je retourne vers mon passé et je le prends pour thème de remémoration ou d'identification[41]. La seconde manière pour mon passé d'être récupéré et dont la première n'est qu'un mode dérivé, c'est d'être présent comme un horizon[41]. Il faut cependant encore comprendre le mode d'être de cet horizon et le pouvoir qu'a la synthèse d'identification ou l'analyse intentionnelle à son égard. On sait bien, par exemple, que pour Husserl une « rétention inconsciente » est un non-sens[42].

Bergson est à considérer comme entièrement opposé à Husserl. Tout état psychique n'est pas pour Bergson ipso facto un état «conscient». La conscience est une propriété du «présent», c'est-à-dire des états psychiques en acte. Et comme il y a des états psychiques existants mais non en acte, ces états sont dits «inconscients». Bref, la conscience étant limitée au présent, à l'action, le non-présent ou le non-agissant est inconscient[43]. Pour Merleau-Ponty, le passé ne peut être pris au sens bergsonien, il ne peut être considéré comme un en-soi kantien, car s'il n'est pas donné par la synthèse d'identification, il est donné par la «synthèse de transition» comme un non-vu dans ce qui est vu[44]. C'est par la synthèse de transition que je saisis A en A". C'est aussi par la synthèse de transition que je saisis la chose tout entière à travers ses esquisses. Il y a cependant chez Merleau-Ponty l'idée fort intéressante du «ratatinement» du passé dû à la temporalité ou à la nature perspectiviste de la conscience. La limite de ce «ratatinement» cependant, dit la *Phénoménologie de la perception*, est «l'oubli»[45]. Retenir pour une conscience, c'est tenir, mais à distance[46]. La *Phénoménologie de la perception* ne peut faire de l'oubli un non-savoir radical, *Le Visible et l'Invisible* y revient bien explicitement[47]. Si Bergson a le mérite, selon Merleau-Ponty, d'avoir posé le problème de la transcendance du passé[48], il ne faut cependant pas comprendre l'oubli comme l'inconscient bergsonien[49]. En comprenant la perception, c'est-à-dire l'avoir conscience de…, comme «différenciation», l'«oubli» sera la «dédifférenciation»[50]. La «désarticulation», voilà, dit Merleau-Ponty, le noir de l'oubli[50].

En somme, la transcendance du passé, dont Bergson a le mérite de poser le problème, serait cet horizon opérant et non thématisé. Il serait cependant inexact de niveler le passé architectonique chez Merleau-Ponty. Il faut donc dans cet horizon des «montages» de moins en moins clairs en raison de la distance temporelle. Notre «institution primordiale» constituerait inévitablement la couche la moins claire, et aussi la plus opérante en raison de la passivité. Mais notre institution primordiale et le passé en général manifestent-ils quelquefois de la résistance à l'égard de la synthèse d'identification ou de réflexion? La dernière pensée de Merleau-Ponty porte un élément nouveau.

Pour la *Phénoménologie de la perception*, la réflexion a de droit l'accès au passé; celui-ci est un champ toujours disponible à la conscience[51]. Nous reviendrons de nouveau sur ce point à la fin de ce chapitre. Plus tard cependant dans le *Résumé de cours* (1954-1955) et dans *Le Visible et l'Invisible* (1960), Merleau-Ponty ne semble plus voir l'analyse intentionnelle comme ayant de fait l'accès au passé: celui-ci «peut non seulement orienter l'avenir ou fournir les termes des problèmes de l'adulte, mais encore donner lieu à une recherche au sens de Kafka, ou à une élaboration indéfinie: conservation et dépassement sont plus profonds, de sorte qu'il devient impossible d'expliquer la conduite par son passé, comme d'ailleurs par son avenir, qui se font écho l'un à l'autre»[52]. Il y a dans chaque conduite une ambiguïté qui n'est pas à confondre avec ce que Merleau-Ponty appelle «la synthèse perceptive est inachevée», la réflexion ne fait pas le tour de son objet. La synthèse de transition fait toujours chez Merleau-Ponty le contre-poids de la nature perspectiviste de la conscience. *Le Visible et l'Invisible* semble bien considérer la complexité du passé et vouloir par là en limiter l'accès à l'analyse intentionnelle.

Ainsi, il y a un poids du passé, un passé opérationnel ou qui oriente l'avenir, mais à l'égard duquel l'analyse intentionnelle trouve ses limites : dépassement et reprise – la temporalité – étant si profonds, l'analyse intentionnelle ne peut s'élever à ce méta-intentionnel qui est le passé[53]. Certains événements ont déposé en moi un « sens », un « système de référence », ont « rétréci » ma vision du monde sans que je puisse par l'analyse intentionnelle déceler la synthèse passive et retrouver l'origine de ce « sens ». Celui-ci peut rester inaperçu, le sens apparent de mes expériences peut être une illusion. Considérant l'expérience du sommeil, Merleau-Ponty y voit la même référence au passé.

2. L'expérience du sommeil (la coexistence du réel et de l'imaginaire)

La conscience dormante a, selon Merleau-Ponty, une double référence : référence au passé et référence au monde : référence au présent[54]. Dormir n'est pas à strictement parler un acte, un cheminement perceptif, mais c'en est plutôt, dit Merleau-Ponty, « l'involution provisoire »[55]. Dormir, c'est se replier sur soi, revenir à l'inarticulé, mais sans pour autant quitter tout à fait le monde, car s'il en était ainsi, le réveil serait impossible[55]. Le monde n'est donc pas absent pour le rêveur, mais plutôt distant[56].

Étant encombré des débris du passé et du présent[57], le rêve ne peut, selon Merleau-Ponty, être un récit du néant pur, un pur pouvoir de viser n'importe quoi et à travers n'importe quel emblème[58]. Si le rêve était ce pouvoir capricieux, on ne voit pas comment le réveil serait possible ni d'où vient ce poids que nos rêves doivent justement au passé[58]. Freud a bien raison contre Sartre[59] : le rêve n'est pas une simple variété de la conscience imageante telle qu'elle est dans l'état d'éveil, nos rêves sont bien en relation avec le passé – mais Freud a aussi le tort d'avoir quelquefois l'air de parler, aux yeux d'un lecteur pressé, d'un second sujet rêvant en nous. Ce qui est responsable du rêve et plus généralement de notre vie, ce n'est pas un second « je pense », c'est-à-dire l'inconscient freudien, mais un symbolisme primordial, originaire ou non conventionnel (non langagier)[60]. Ainsi, le passé s'affirme même dans le rêve et c'est cette référence au passé et au présent qui lui donne une consistance propre. Si cependant le rêve témoigne du désir du sujet, il ne peut pour autant être réduit à une élaboration complète du passé. Nous y reviendrons pour en expliquer la raison et pour voir si, pour Merleau-Ponty, le rêveur est ou non conscient du « sens » de son rêve au dernier paragraphe de ce chapitre.

Dire que la conscience dormante ne quitte jamais absolument le réel (sa référence au monde), c'est, pour Merleau-Ponty, dire que le clivage ne peut exister entre le réel et l'imaginaire. Si pour Sartre le réel et l'imaginaire ne peuvent coexister[61], pour Merleau-Ponty ils coexistent toujours. Le rêve n'est pas le vide absolu du réel et le « monde perçu » n'est pas lui non plus la plénitude absolue du réel. Il y a la part du réel même dans la conscience dormante, comme il y a la part de l'imaginaire même dans la conscience percevante. Il n'y a pas de dualisme radical ou de discontinuité absolue : absence ou présence, rêve ou éveil, perception ou imagination, les deux modalités ne s'excluent pas l'une l'autre, au contraire, «les deux modalités empiètent l'une sur l'autre»[62]. Le monde perçu comporte par principe, selon Merleau-Ponty, une part de l'imaginaire[63]. Si le réel et l'imaginaire peuvent coexister, la différence entre la perception et l'hallucination est pourtant de nature. Mais s'il doit y avoir des hallucinations, c'est que la conscience cesse vraiment de se connaître comme conscience hallucinée[64]. Merleau-Ponty met très directement le problème de l'inconscient en rapport avec celui des hallucinations[65]. Essayons de préciser ce problème : voir comment il peut y avoir des *Erlebnisse* dont le sens immanent échappe à la conscience.

3. Des perceptions fausses ou illusoires

Entre la perception et l'hallucination, la différence est de nature : celle-ci n'est pas une perception[66]. Si la perception est le moyen par lequel quelque chose devient présent pour nous, l'hallucination est l'acte (intentionnalité) qui désintègre le réel sous nos yeux[67]. Bien qu'elle soit intentionnalité, l'hallucination ne peut être une perception. Les malades distinguent le plus souvent, selon Merleau-Ponty, leurs hallucinations de leurs perceptions[68]. Des schizophrènes qui, par exemple, se plaignent d'«hallucinations tactiles», piqûres ou courant électrique, se tournent immédiatement vers leur médecin pour l'accuser : «cette fois-ci…ça vient de vous, c'est pour m'opérer», disent-ils[69]. Lorsqu'on met à la place du phénomène hallucinatoire une réalité effective, mais qui correspond à ce que les malades disaient et décrivaient, ceux-ci sont toujours stupéfaits, ils ne disent jamais « c'est la même chose », mais ils disent « c'est autre chose». Le phénomène hallucinatoire n'est pas un contenu sensoriel, l'imaginaire n'est pas comme le réel, bourré de petites perceptions et accessible à une exploration intersubjective[70].

Le phénomène hallucinatoire n'est pas une chose, mais une signification implicite[71]. Mais si le « malade halluciné » distingue – surtout quand on l'interroge – ses hallucinations de ses perceptions, si le malade jouit de la subjectivité pour se créer un monde de « doxa » privé et personnel, Merleau-Ponty ne dit pas qu'il en est ainsi chez le non-malade. Si pour le malade l'hallucination est une « maladie », ou construction d'un monde en marge du monde réel[72], pour l'homme ordinaire elle est une « dialectique imparfaite »[73]. C'est un arrêt dans le développement de la conscience[73]. Ce n'est là qu'une subjectivité de second degré[74]. Si la conscience était vraiment conscience de soi, une telle dialectique serait, d'après Merleau-Ponty, impossible[75]. Mais comment une telle dialectique et les hallucinations sont-elles possibles ? « Il y a des hallucinations, dit Merleau-Ponty, parce que nous avons par le corps phénoménal une relation constante avec un milieu où il se projette, et que, détaché du milieu effectif, le corps reste capable d'évoquer par ses propres montages une pseudo-présence de ce milieu ».[76]

Une dialectique imparfaite est possible, car la conscience n'est pas toujours et seulement conscience de vérité : je peux me tromper sur les choses, sur autrui et sur moi-même. Mon expérience vécue peut être revêtue d'une signification qui éclatera au cours de mes expériences futures. La conscience peut adhérer au vécu d'une signification fallacieuse – signification qui est constitutive de l'illusion ou de l'inconscient[77]. Je peux ne saisir qu'une signification apparente ou idéelle de ma conduite[78]. La conscience hallucinée est à comparer à la conscience mythique : celle-ci ne se saisit pas comme telle : sinon elle n'adhérerait pas très sincèrement à son mythe[79]. Le propre de l'illusion, dit Merleau-Ponty, est de ne pas se donner comme illusion : si je peux percevoir un objet irréel comme réel, perdre de vue son irréalité, il faut qu'il y ait une «inconscience de l'imperception», que la réalité de mon acte soit au-delà de son apparence, faute de quoi, il n'y aurait pas d'illusion[80]. «Si les hallucinations doivent pouvoir être possibles, il faut bien qu'à quelque moment la conscience cesse de savoir ce qu'elle fait, sans quoi elle aurait conscience de constituer une illusion, elle n'y adhérerait pas, il n'y aurait donc plus illusion (…)»[81].

Merleau-Ponty opère dans *La Structure du comportement* et dans la *Phénoménologie de la perception* une distinction fondamentale entre la signification immanente de nos «Erlebnisse» et leur signification idéelle[82]. Il y a, en d'autres mots, à distinguer entre l'existence effective de nos *Erlebnisse* et leur existence telle qu'elle apparaît ou telle que je la saisis. La réalité ne s'identifie pas dans la conscience à l'apparaître. La signification immanente d'un vécu ne se réduit pas à ce que j'en connais ou à ce qu'il m'apparaît. L'apparaître d'un vécu ou la conscience que j'en ai peut être vraie ou fausse : tel est le cas, par exemple, de la conscience mythique et de l'illusion. Pour parler un langage marxiste, il ne faut pas écouter ce que dit l'homme de lui-même, mais voir ce qu'il est. Les significations de nos *Erlebnisse* ne se réduisent jamais, pour Merleau-Ponty, à la conscience que nous en avons[83]. Des significations restent, par principe, inaperçues.

Mais Merleau-Ponty refuse d'expliquer les hallucinations

de la conscience par l'inconscient freudien. S'il y a des hallucinations ou si la vraie signification de notre vie peut être «ignorée», ce n'est pas parce que des pensées secrètes ou déguisées me sont communiquées par l'inconscient. S'il y a des actes manqués dont la vraie signification est inaperçue, ce n'est pas parce que, pense Merleau-Ponty, il y a là un malin génie qui opère en moi. L'inconscient n'est rien d'autre, dit *La Structure du comportement* et les *Résumés de cours* (1954-1955), qu'une «signification inaperçue». «Ce qu'on appelle inconscient, a-t-on dit[84], est seulement une signification inaperçue : il arrive que nous ne saisissions pas nous-mêmes le sens vrai de notre vie, non qu'une personnalité inconsciente soit au fond de nous et régisse nos actions, mais parce que nous ne comprenons nos états vécus sous une idée qui ne leur est pas adéquate. Cependant, même ignorée de nous, la signification vraie de notre vie n'en est pas moins la loi efficace. Tout se passe comme si elle orientait le flux des événements psychiques »[85].

Mais les hallucinations sont-elles, au moins chez l'homme non malade, motivées ? Les hallucinations, celles du rêve ou d'un mythe, ont non seulement une signification, mais la signification la plus privilégiée et la plus révélatrice : la plus privilégiée car en elles se projette notre drame personnel, et la plus révélatrice car les hallucinations sont notre «guide» pour ce drame : voir où va notre désir, de quoi dépend notre vie et ce que redoute notre cœur[86].

Mais s'il faut opérer cette distinction entre la réalité et l'«apparence» au sein du *cogito*, faut-il faire la même distinction quand il s'agit de nos sentiments : de l'amour et de la volonté, par exemple ? Si, dit-on, la distinction entre la réalité et l'apparence a sa place dans la synthèse perceptive – puisque celle-ci est inachevée, ce que je vois à présent comme vrai peut s'avérer demain faux –, dans l'affectivité l'être de la conscience, c'est de s'apparaître. Il est impossible, dit-on, de me tromper sur le sentiment que j'éprouve : dès que j'aime ou que je me sens triste, il est vrai que j'aime ou que je suis triste. Si l'illusion et la passivité pouvaient avoir leur place dans la synthèse perceptive (la perception) elles n'ont plus de place dans l'affectivité. Ainsi, aimer, c'est savoir qu'on aime. Mais est-il vrai que le problème de l'illusion n'a plus de place dans l'affectivité ?

4. Des sentiments faux ou illusoires

Mais il est manifeste, dit Merleau-Ponty, que l'on peut distinguer en nous des sentiments « vrais » et des sentiments « faux »[87]. La réalité et l'apparence ont aussi leur place dans l'affectivité. La réalité du vécu risque toujours de passer inaperçue. Tout le vécu affectif ne peut être placé sur le même plan d'existence, être vrai au même titre. Il y a en nous des degrés différents de la réalité, de même qu'il y a dans le monde des « choses », des « reflets » et des « fantômes »[88]. « À côté de l'amour vrai, il y a un amour faux ou illusoire »[88]. Celui-ci cependant doit être bien distingué du cas d'erreur d'interprétation et de celui de la « mauvaise foi » : car, dans ces deux cas, on donne le nom d'« amour » à des émotions qui en fait ne méritent pas ce nom : il n'y avait jamais en eux-mêmes un semblant d'amour[88]. Je n'ai jamais « cru », dans le cas de l'erreur d'interprétation et dans celui de la mauvaise foi, que je fusse engagé dans ce sentiment d'amour : j'ai sournoisement évité de poser la question pour éviter la réponse que je savais déjà[89].

Mon amour n'était fait en fin de compte que de complaisance ou de mauvaise foi[89].

« Au contraire, dans l'amour faux ou illusoire, je me suis joint de volonté avec la personne aimée, elle a vraiment été pour un temps le médiateur de mes rapports avec le monde, quand je disais que je l'aimais, je n'"interprétais" pas, ma vie s'était vraiment engagée dans une forme qui, comme une mélodie, exigeait une suite. (...) (Ce n'est qu')[90] après la révélation de mon illusion sur moi-même et quand j'essaierai de comprendre ce qui m'est arrivé, (que) je retrouverai sous cet amour prétendu, autre chose que de l'amour : la ressemblance de la femme "aimée" et d'une autre personne, l'ennui, l'habitude, une communauté d'intérêts ou de conviction, et c'est même ce qui me permettra de parler d'illusion. Je n'aimais que des qualités (ce sourire, qui ressemble à un autre sourire, cette beauté qui s'impose comme un fait, cette jeunesse de gestes et de la conduite) et non pas la manière d'exister singulière qui est la personne elle-même »[91]. Et corrélativement puisque la personne n'est pas entièrement aimée, je n'étais pas pris tout entier dans ce sentiment, il y avait des régions dans ma vie qui n'étaient pas engagées dans cet amour : il y avait place en moi pour tout autre chose que ce sentiment[92]. Mais c'est ce que je sais à présent. Dans le moment même où je vivais mon amour, c'est ou bien, dira-t-on, que je n'en savais rien : alors il n'y avait jamais eu d'amour illusoire, il s'agissait simplement d'un sentiment qui à présent est mort – ou bien je savais déjà mon sentiment illusoire et je le maintenais : aucun amour dans ce cas-là n'a existé. Un amour illusoire, dira-t-on, est impossible. On ne peut cependant, selon Merleau-Ponty, nier l'existence de cet amour illusoire. On ne peut prétendre que cet amour illusoire était, pendant que je l'éprouvais, indiscernable d'un amour vrai et qu'il soit devenu un « faux » amour quand je l'ai désavoué[93]. Mon amour était dès le point de départ un « faux-amour ». Mais on ne peut non plus dire qu'il n'y avait « nullement » d'amour ; ce sentiment n'était pas l'absence totale d'amour, le non-amour. C'est ce que Merleau-Ponty essaie de nous expliquer sur un exemple de Sartre dont il conteste l'interprétation. Le passé pour celui-ci ne reçoit son sens que de l'avenir[94]. La crise mystique d'un adolescent est en elle-même dépourvue de sens : c'est de l'avenir qu'elle reçoit son sens. On ne peut cependant, selon Merleau-Ponty, dire que la crise religieuse d'un adolescent est en elle-même vide de « sens » et qu'elle « devient » uniquement selon que je la valorise dans l'avenir, accident de puberté ou premier signe d'une vocation religieuse[95]. La crise mystique ne peut pour Merleau-Ponty être en elle-même dépourvue de « sens ». L'avenir ne peut contester le poids ou la consistance propre qu'a une crise religieuse. Il doit y avoir dans la crise mystique elle-même, telle que je l'ai vécue, le moyen de distinguer l'incident de la vocation : celle-ci est une attitude qui s'insère dans mes rapports fondamentaux avec le monde et autrui, alors que l'incident n'est qu'une attitude à l'intérieur du moi, un comportement impersonnel et sans nécessité interne[96].

« De même, l'amour vrai convoque toutes les ressources du sujet et l'intéresse tout entier, le faux amour ne concerne que l'un de ses personnages, « l'homme de quarante ans », s'il s'agit d'un amour tardif, « le voyageur », s'il s'agit d'un amour exotique, « le veuf », si le faux amour est porté par un souvenir,

« l'enfant » s'il est porté par le souvenir de la mère. Un amour vrai se termine quand je change ou quand la personne aimée a changé ; un amour faux se révèle faux lorsque je reviens à moi. La différence est intrinsèque »[96].

La différence entre le sentiment authentique et le sentiment faux est intrinsèque – comme d'ailleurs entre la perception et l'illusion – et pourtant on ne peut prendre de ce sentiment illusoire qu'une conscience rétrospective. Le faux amour est un sentiment non-authentique, mais pour en discerner la fausseté, j'ai besoin d'une connaissance de moi que je n'obtiendrai que par la désillusion et en revenant à moi-même[97]. L'illusion se révèle vraiment illusion et pourtant cette révélation ne se fait qu'au dernier moment et par un acte qui en est le dénouement même.

L'hystérique fournit une situation semblable à celle du sentiment non-authentique. L'hystérique n'est pas un simulateur : s'il est un simulateur, c'est lui-même qu'il trompe[98]. Mais comment l'hystérique peut-il sentir ce qu'il ne sent pas et ne pas sentir ce qu'il sent ?

L'hystérique ne feint pas, selon Merleau-Ponty, la douleur, mais celle-ci se distingue chez lui d'une douleur réelle : dans la première, il n'y est pas tout entier, des zones calmes existent encore en lui[98]. Là aussi, de même que dans le sentiment faux ou illusoire, la différence est intrinsèque.

La description du sentiment faux est apparemment paradoxale chez Merleau-Ponty : comment un sentiment vécu ou effectif peut-il être « faux » ? D'après la distinction faite plus haut (le paragraphe précédent) entre la signification immanente et la signification idéelle, un sentiment effectif ne peut être qu'authentique. Deux raisons sous-tendent la description de Merleau-Ponty : ce qui fait qu'un sentiment soit illusoire c'est sa « trop grande » partialité et la « passivité ». Les sentiments faux sont des sentiments dans lesquels on est assez engagé pour qu'ils soient vécus, mais pas assez engagé pour qu'ils soient authentiques[99]. Un sentiment faux est un sentiment périphérique[100] : un sentiment suscité par des situations dans lesquelles on n'est pas vraiment engagé. « L'enfant et beaucoup d'hommes sont dominés par des "valeurs de situation" qui leur cachent leurs sentiments effectifs, contents parce qu'on leur fait un cadeau, tristes parce qu'ils assistent à un enterrement, gais ou tristes selon le paysage, et, en deçà de ces sentiments, indifférents et vides. "Nous sentons bien le sentiment lui-même, mais d'une manière inauthentique. C'est comme l'ombre d'un sentiment authentique." Notre attitude naturelle n'est pas d'éprouver nos propres sentiments ou d'adhérer à nos propres plaisirs, mais de vivre selon les catégories sentimentales du milieu »[101]. Mais ce n'est que plus tard qu'apparaîtra la « fausseté » de ces sentiments. C'est quand un sentiment nouveau, authentique et personnel va venir rompre la trame de ces fantasmes sentimentaux : tant que ce sentiment n'est pas encore né, la conscience n'a aucun moyen de se désillusionner, de déceler ce qu'il y a en elle de vrai et d'illusoire[102].

« Ainsi, nous ne nous possédons pas à chaque moment dans toute notre réalité et l'on a le droit de parler d'une perception intérieure, d'un sens intime, d'un « analyseur » entre nous et nous-mêmes, qui, à chaque moment, va plus ou moins loin dans la connaissance de notre vie et de notre être »[103].

Nous marquons ici un point capital : il y a des modalités de la conscience, des sentiments vécus et des actes que nous posons et dont nous avons conscience en les posant, mais dont le sens vrai ou la signification immanente est inaperçue : reste non-accessible au sens intime. Balzac s'en est bien aperçu lorsqu'il a montré que « l'amour est dans les bouquets que Félix de Vandenesse prépare pour Madame de Mortsauf aussi clairement que dans une caresse »[104]. Mais Félix ne savait justement pas encore son amour. Pas plus que Félix, Fabrice ne savait pas au moment où il montait en voiture avec la Sanseverina, qu'il l'aimait ; c'est quelque chose qu'il n'apprendra que si le mot amour est prononcé : prononciation qui ébauchera une sorte de réflexion implicite[105]. L'amour n'est pas un acte déterminé, précis et circonscrit pour être connu par un savoir absolument déterminé, c'est-à-dire par un savoir qui s'obtient d'un seul acte ou d'un seul coup[106]. L'amour est un mouvement existentiel, qui engage une série d'actes où chacun d'eux reçoit des suivants une précision : confirmation ou infirmation. Les mouvements qui ébauchent un acte d'amour ne peuvent se discerner que peu à peu[107]. Chacun de ses mouvements, comme le premier bouquet de Félix est encore ambigu[108]. Félix ne savait pas dès le début ce qu'était, au juste, cette sympathie qui lui fait cueillir les bouquets de fleurs à Madame de Mortsauf. Cette sympathie attendait pour « se préciser » ses actes de demain, et peut-être restera-t-elle à jamais un témoignage insignifiant ou une pulsion passagère[109]. Mais dire qu'il y a des modalités de la conscience (amour faux) non accessibles au sens intime, c'est pour Merleau-Ponty dire qu'il y a bien des choses que je dois apprendre sur moi-même : il est impossible de prétendre que je savais déjà ce que je connais à présent, de réaliser d'avance en moi une connaissance de moi-même que je n'ai pu obtenir qu'à présent[110]. Mais ces modalités de nous-mêmes dont la signification reste inaperçue ne sont pas pour autant réductibles à l'inconscient freudien : ce qui reste en deçà de la perception intérieure et n'impressionne pas le sens intime n'est pas un « inconscient (…) (Car il ne s'agit là que) des phénomènes qui se donnent avec évidence à la réflexion. Il ne s'agit pas d'autre chose que de ce que nous faisons »[111]. Un vécu, perception ou sentiment, ne peut être pour Merleau-Ponty un processus en troisième personne. C'est là la raison pour lui de la négation expresse de l'inconscient[112] et du refus de l'inconscience (au sens freudien) de l'imaginaire. L'idée d'une conscience qui serait absolument transparente à elle-même et celle de l'inconscient ne sont pas, pour Merleau-Ponty, si différentes l'une de l'autre[113] : la conscience n'est originairement ni conscience de soi ni ignorance de soi.

C'est sur un autre exemple plus maniable, l'amour authentique, mais méconnu, que Merleau-Ponty va raisonner pour sortir de l'embarras de l'inconscience des sentiments faux ou illusoires. Ces modalités de la conscience, ignorance de l'amour vrai ou imagination d'un amour faux comme vrai, Merleau-Ponty les ramène à cette formule : (« je ne l'ignorais pas » et « je ne le savais pas ») :

> « Je découvre que je suis amoureux. Rien ne m'avait échappé peut-être de ces faits qui maintenant font preuve pour moi : ni ce mouvement plus vif de mon présent vers mon avenir, ni cette émotion qui me laissait sans parole, ni cette hâte d'arriver au jour d'une rencontre.

Mais enfin, je n'en avais pas fait la somme, ou, si je l'avais faite, je ne pensais pas qu'il s'agît d'un sentiment si important, et je découvre maintenant que je ne conçois plus ma vie sans cet amour. (…) L'amour qui poursuivait à travers moi sa dialectique et que je viens de découvrir n'est pas, depuis le début, une chose cachée dans un inconscient, et pas davantage un objet devant ma conscience, c'est le mouvement par lequel je me suis tourné vers quelqu'un, la conversion de mes pensées et de mes conduites – je ne l'ignorais pas puisque c'est moi qui vivais des heures d'ennui avant une rencontre, et qui éprouvais de la joie quand elle approchait ; il était d'un bout à l'autre vécu, il n'était pas connu »[114].

Descartes disait qu'il n'y a rien en nous dont nous ne puissions avoir conscience. Merleau-Ponty dit quelque chose d'analogue, à la seule différence, mais grande, que Descartes ne connaissait que la conscience thétique : « … il n'est rien en elle (la conscience) qui ne s'annonce de quelque manière à elle »[115]. L'amoureux est à comparer au rêveur.

L'amoureux et le rêveur

Le rêveur n'est ni inconscient ni conscient du contenu latent de son rêve. Le contenu latent et le sens sexuel sont bien présents au rêveur, car c'est lui-même qui rêve son rêve[116]. Mais puisque la sexualité est l'atmosphère générale du rêve – c'est-à-dire qu'étant détachée du monde réel, la sexualité s'éclipse, elle devient méta-sexuelle – ils ne peuvent être « thématisés comme sexuels, faute d'un fond non-sexuel sur lequel ils se détachent »[117]. La thèse de Merleau-Ponty n'est pas ici différente de celle de Politzer : le sens du rêve pour celui-ci n'est, avant l'analyse, ni conscient ni inconscient[118].

Se demander si le rêveur est ou non « conscient » du contenu latent de son rêve, est ou non conscient de l'« incendie » vécu dans le rêve comme « symbole » d'un « contenu sexuel latent », c'est là pour Merleau-Ponty une question dépourvue de sens ; car tout d'abord le « rêve » n'est pas un système de « traduction », de substitution ou de « symbole »[119], mais inhérence à un monde sexuel et corrélat d'une fonction qui constitue le rêve tout entier comme sexuel[120]. Le rêveur ne commence pas d'abord par se représenter le « contenu latent » de son rêve pour ensuite le « traduire » dans un « langage figuré » ; il ne commence pas par percevoir en clair les excitations génitales pour les traduire ensuite dans un « langage symbolique »[121]. L'incendie vécu dans le rêve n'est pas un symbole acceptable pour déguiser une pulsion sexuelle : c'est pour l'homme éveillé qu'il est symbole[122]. Pour le rêveur, une telle « pulsion sexuelle » est « d'emblée » cette image : l'incendie, car détaché de la vie éveillée, le rêveur n'emploie des images qu'en raison de leur valeur affective[123]. C'est dans la vie éveillée où l'incendie signifie tout autre chose qu'une pulsion sexuelle que la question du symbole se pose[124]. C'est pour la réflexion que l'incendie apparaît comme symbole, un « langage figuré » ou une manière de dire ce qu'il n'est pas[124]. En somme, de même que pour Politzer[125], le rêve n'a pour Merleau-Ponty qu'un seul contenu : le contenu manifeste. Dire que le rêve n'a qu'un seul contenu, c'est s'interdire l'idée de voir le rêve comme traduction des messages émanant de l'inconscient. Le rêve ne peut, pour Merleau-Ponty, être réduit ni à une élaboration complète du passé ni à un pur instrument ou enveloppe de l'inconscient, car ce serait là pour lui, renoncer à l'idée fondamentale que tout acte est un acte de « dépassement ». Réduire le rêve entièrement au passé ou en faire les messages de l'inconscient, c'est pour Merleau-Ponty dire que le rêve n'a rien de propre en lui-même, il n'est pas produit par le rêveur au moment même où celui-ci rêve son rêve, ce qui est inacceptable[126]. Dire que le rêve n'est pas un « déguisement », c'est pour Merleau-Ponty dire que c'est le même moi qui a rêvé – et non pas l'inconscient – et qui se souvient d'avoir rêvé. La négation de l'idée de traduction, c'est-à-dire de dédoubler l'espace de rêve (en contenu manifeste et en contenu latent dont l'inconscient serait l'auteur) est la négation de l'inconscient compris comme sphère de psychisme opposée à la conscience, c'est, en d'autres mots, la négation de l'inconscient freudien compris comme un « second sujet pensant en nous ». La négation de l'inconscient freudien – compris très précisément comme le corps opposé à l'âme[127] au moyen du rêve – n'est pas sans analogie avec Politzer. Nous y reviendrons au chapitre suivant. Il n'y a en somme pas de déguisement dans le rêve. Quand je rêve, je m'installe d'emblée dans la sexualité. Mais détachée du monde rigoureux, celle-ci s'éclipse, se diffuse en images, devient partout et nulle part, de soi ambiguë ou atmosphère générale de rêve[128]. Mais étant ainsi, elle ne peut se spécifier comme « sexuelle ».

Ce qui arrive pour le rêveur, arrive aussi pour l'amoureux. Celui-ci vit une transfiguration de son être : son amour tend à mordre sur tout et à orienter vers lui l'existence tout entière, mais étant ainsi, il ne peut se spécifier comme «amour» faute justement d'un fond plus général, qui permette de le situer[129]. L'amour n'est pas, dit Merleau-Ponty, une chose que l'on peut circonscrire et désigner: c'est une situation existentielle[130]. Mais «si nous sommes en situation, nous sommes circonvenus, nous ne pouvons pas être transparents pour nous-mêmes, et il faut que notre contact avec nous-mêmes ne se fasse que dans l'équivoque»[130].

C'est en somme la «passivité» de nos engagements qui est l'élément constitutif de l'illusion ou de l'inconscient compris comme méconnaissance de soi. Un sentiment faux, avons-nous vu, est un sentiment dans lequel on est assez engagé pour qu'il soit «vécu», mais pas assez engagé pour qu'il soit authentique. Mais y a-t-il des engagements absolus? Aucun engagement n'est absolu, dit Merleau-Ponty[131]. Mais dire qu'aucun engagement n'est absolu et qu'être en situation, c'est être circonvenu, n'est-ce pas dire qu'aucun sentiment n'est authentique ou, ce qui revient au même, que dans la conscience tout est illusion? Merleau-Ponty ne va pas jusqu'à dramatiser les choses en généralisant cette situation, car pour lui nos engagements sont des «actes»[132], c'est-à-dire des intentionnalités au moyen desquelles quelque chose devient pour nous. C'est là où Merleau-Ponty voit la solution. Celle-ci n'exclut pas ou n'empêche pas qu'il y ait quelquefois des illusions ou de l'inauthenticité de la conscience[133].

5. Conclusion

Deux raisons empêchent Merleau-Ponty de faire des

sentiments faux ou illusoires un inconscient compris comme un non-savoir radical. 1) D'abord ces phénomènes – amour faux ou authentique mais méconnu – se donnent avec évidence à la réflexion personnelle et volontaire. En revenant à moi, je découvre que je n'étais pas amoureux. La réflexion ne va cependant pas chez Merleau-Ponty sans aucune restriction. a) D'abord une telle réflexion n'est que rétrospective : pendant que je vivais mon amour illusoire, je n'en savais rien ; si je le savais je ne me prenais pas pour un homme amoureux. b) Mais en outre, ce n'est pas par la réflexion que Merleau-Ponty nous dit que la jeune fille peut se désillusionner : c'est par ses actes de demain (la naissance d'un amour authentique par exemple) que la jeune fille réussira à déceler ce qu'il y a dans ses sentiments d'illusoire. Ce sont, en d'autres termes, ses actes qui vont fournir un fond général à ses sentiments et qui permettra de les « mesurer ». Félix ne savait pas dès le premier bouquet offert à Madame de Mortsauf s'il s'agissait là d'une sympathie ou d'un amour qui commençait. Ce n'est pas par une réflexion sur le champ qu'il pourra le savoir : ce sont ses actes de demain qui vont ébaucher la vraie réflexion. Si après le bouquet de fleurs, je trouve que j'ai fait « ceci » ou « cela », je me convaincrai qu'il s'agissait là d'un amour ou d'une simple sympathie. 2) L'autre raison qui empêche de faire des sentiments faux ou authentiques un inconscient, c'est « l'essence de la subjectivité » : l'essence de celle-ci est de ne pas s'ignorer, de ne rien avoir en elle qui ne s'annonce à elle de quelque manière. L'inconscient serait ici « l'irréfléchi »[134] ou mieux encore une « signification inaperçue ».

La manière cependant dont Merleau-Ponty décrit les sentiments faux (ou l'imaginaire) et la manière dont il veut les ramener à : «je ne l'ignorais pas» et «je ne le savais pas» n'est pas – à notre sens – si aisément concevable. Car je peux connaître les actes que je pose d'une manière non thétique ou thétique. Celle-ci est un développement de la première. Mais dans le cas de l'amour faux, ce n'est plus une question de développement : l'illusion a pris la place de la réalité. Si en toute rigueur il faut se limiter à l'essence de la subjectivité, il faut dire que la conscience était conscience (de) cet amour comme faux, mais d'une manière non-thétique. Cela revient à dire : hier je connaissais mon amour faux d'une manière non-thétique, et aujourd'hui, je le connais d'une manière thétique – ce qui revient à détruire l'idée même de Merleau-Ponty de l'imaginaire ou des sentiments faux. Bref, il faut – à notre sens – aller plus loin que « la conscience (de)... », sans pour autant parler de l'inconscient comme un non-savoir radical.

LES RÉFÉRENCES

1. Merleau-Ponty, *PP.*, p. 488.

2. René Le Senne, *L'idéalisme synthétique de Hamelin*, *Introduction à la Philosophie*, p. 139.

3. Merleau-Ponty, « L'institution dans l'histoire personnelle et publique », in *Résumés de cours*, p. 59.

4. Merleau-Ponty, *ibid.*, pp. 59-60.

5. Merleau-Ponty, *ibid.*, p. 60.

6. « La passivité est possible à condition que "avoir conscience" ne soit pas "donner un sens" que l'on détient par-devers soi à une manière de connaissance insaisissable, mais réaliser un certain écart, une certaine variante dans un champ d'existence déjà institué, qui est toujours derrière nous, et dont le poids, comme celui d'un volant, intervient jusque dans les actions par lesquelles nous le transformons ». Merleau-Ponty, « Le problème de la passivité : le sommeil, l'inconscient, la mémoire », in *Résumés de cours*, p 67.

7. Merleau-Ponty, « L'institution dans l'histoire personnelle et publique », in *Résumés de cours*, p. 60.

8. Cf. Merleau-Ponty, *VI.*, p. 274, p. 324,. p. 318, p.314. p.307 ; *Signes* pp. 117-119 ; *PP.*, p. 399.

9. « Activité et passivité (sont) couplées, l'une empiète sur l'autre », Merleau-Ponty, *VI.*, p. 314. « Les choses me touchent comme je les touche et me touche ». Merleau-Ponty, *VI.*, p. 315. Le problème de la passivité est abordé d'une manière très complexe dans *Le Visible et l'Invisible*. Mon corps est un percevant perceptible – en tant que perceptible il est une chose, c'est-à-dire il

fait partie du monde. Dire donc « je suis un percevant perceptible », c'est dire je suis « activité + passivité ».

10. Chaque fois que Merleau-Ponty parle de la passivité, il l'identifie à l'introjection. Cf. *VI.*, p. 315.

11. Cf. Merleau-Ponty, « L'institution dans l'histoire personnelle et publique », in *Résumés de cours*, p 61.

12. « On entendait (...) ici par institution ces événements d'une expérience qui la dotent de dimensions durables, par rapport auxquelles toute une série d'autres expériences auront sens, formeront une suite pensable ou une histoire, – ou encore les événements qui déposent en moi un sens, non pas à titre de survivance et de résidu, mais comme appel à une suite, exigence d'un avenir ». Merleau-Ponty, « L'institution dans l'histoire personnelle et publique », *Résumés de cours*, p. 61.

13. Merleau-Ponty, « Le problème de la passivité : le sommeil, l'inconscient, la mémoire », in *Résumés de cours*, p. 67.

14. « L'institution dans l'histoire personnelle et publique », *Résumés de cours*, p. 62. (Le souligné est de nous).

15. Merleau-Ponty, « L'institution dans l'histoire personnelle et publique ». *Résumés de cours*, p. 62.

16. Le « ça » freudien est à comparer chez Merleau-Ponty à l'inconscient primordial et le sur-moi freudien, dépouillé de toute pensée objectiviste ou scientiste, serait comparable au sur-moi de Merleau-Ponty.

17. Merleau-Ponty, « L'institution dans l'histoire personnelle et publique ». *Résumés de cours*, pp. 61-62.

18. « (...) il est bien impossible de prétendre que l'amour

présent ne soit qu'un écho du passé : le passé au contraire fait figure de préparation ou préméditation d'un présent qui a plus de sens que lui, quoiqu'il se reconnaisse en lui ». Merleau-Ponty, « L'institution dans l'histoire personnelle et publique ». *Résumés de cours*, p. 62.

19. Cf. Merleau-Ponty, « L'institution dans l'histoire personnelle et publique ». *Résumés de cours*, pp. 59-65.

20. Merleau-Ponty, « L'institution dans l'histoire personnelle et publique ». *Résumés de cours*, p. 63

21. « Pour être plus agile et apparemment plus délibéré, le mouvement du savoir n'en offre pas moins cette circulation intérieure entre le passé et l'avenir qu'on remarque dans les autres institutions ». Merleau-Ponty, *ibid.*, pp. 63-64.

22. Merleau-Ponty, « L'institution dans l'histoire personnelle et publique ». *Résumés de cours*, pp. 64-65.

23. Pontalis, « Note sur le problème de l'inconscient chez Merleau-Ponty », *Les Temps Modernes*, p. 298.

24. Si par exemple j'ouvre ma porte et je trouve quelqu'un debout au coin de la rue, je penserai : cet homme est venu d'une certaine direction (le passé), il va prendre, pour partir, une certaine direction (l'avenir).

25. « Husserl appelle protensions et rétentions les intentionnalités qui m'ancrent dans un entourage ». Merleau-Ponty, *PP.*, p. 476.

26. Merleau-Ponty, *PP.*, p.476.

27. Merleau-Ponty, *PP.*, p. 477.

28. « Avec le surgissement d'une donnée originaire, d'une

phase nouvelle, la précédente n'est pas perdue, mais "gardée en tête" (c'est-à-dire précisément "retenue") et grâce à cette rétention est possible un regard en arrière sur ce qui est écoulé ; la rétention elle-même n'est pas ce regard en arrière qui fait de la phase écoulée un objet : en gardant en tête cette dernière, je vis entièrement la phase présente, je l'"ajoute" – grâce à la rétention – à la phase passée, et je suis orienté vers la phase à venir (dans une protension) ». Husserl, E., *Leçons pour une phénoménologie de la conscience intime du temps*, p. 159.

29. Merleau-Ponty, *PP.*, p. 477.

30. « Ce qui m'est donné, ce n'est pas d'abord A', A", ou A"', et je ne remonte pas de ces "profils" à leur original A comme on va du signe à la signification. Ce qui m'est donné, c'est A vu par transparence à travers A', puis cet ensemble à travers A" et ainsi de suite, comme je vois le caillou lui-même à travers les masses d'eau qui glissent sur lui ». Merleau-Ponty, *PP.*, pp. 477-478.

31. Cf. Merleau-Ponty, *PP.*, p. 479.

32. « Nous sommes bien obligés d'admettre (avec Husserl) "une conscience qui n'ait plus derrière elle aucune conscience pour avoir conscience d'elle" qui, en conséquence, ne soit pas étalée dans le temps et dont "l'être coïncide avec l'être pour soi" ». Merleau-Ponty, *PP.*, p. 483.

33. Merleau-Ponty, *PP.*, p. 478.

34. Merleau-Ponty, *PP.*, p. 478.

35. Merleau-Ponty, *PP.*, p. 483.

36. « La mémoire est fondée de proche en proche sur

le passage continu d'un instant dans l'autre et sur l'emboîtement de chacun avec tout son horizon dans l'épaisseur du suivant », Merleau-Ponty, *PP.*, p. 307.

37. « C'est encore, dit M. De Waelhens, ce que confirme de la manière la plus éclatante l'expérience analytique ». *La philosophie et les expériences naturelles*, p. 181, Note 2.

38. Merleau-Ponty, *PP.*, p. 30.

39. Merleau-Ponty, *PP.*, p. 307.

40. « Mon présent se dépasse vers un avenir et vers un passé prochains et les touche là où ils sont, dans le passé, dans l'avenir eux-mêmes ». Merleau-Ponty, *PP.*, 478-479.

41. Merleau-Ponty, *PP.*, p. 30.

42. « C'est une véritable absurdité, dit Husserl, que de parler d'un contenu "inconscient", qui ne deviendrait conscient qu'après coup. La conscience (*Bewusstsein*) est nécessairement être-conscient (*bewusstsein*) en chacune de ses phases. De même que la phase rétentielle a conscience de la précédente, sans en faire un objet, de même aussi la donnée originaire est déjà consciente – et sous la forme spécifique du "maintenant" – sans être objective.(...) la rétention d'un contenu inconscient est impossible.(…) Si chaque "contenu" est en lui-même et nécessairement "inconscient", il devient absurde de s'interroger sur une conscience ultérieure qui le donnerait ». *Leçons pour une phénoménologie de la conscience du temps*, pp. 160-161.

43. « Si, dit Bergson, la conscience n'est que la marque caractéristique du présent, c'est-à-dire de l'actuellement vécu, c'est-à-dire enfin de l'agissant, alors ce qui n'agit

pas pourra cesser d'appartenir à la conscience sans cesser nécessairement d'exister en quelque manière. En d'autres termes, dans le domaine psychologique, conscience ne serait pas synonyme d'existence, mais seulement d'action réelle ou d'efficacité immédiate, et l'extension de ce terme se trouvant ainsi limitée, on aurait moins de peine à se représenter un état psychologique inconscient, c'est-à-dire en somme impuissant ». *Matière et Mémoire*, cité par Merleau-Ponty, *L'union de l'âme et du corps chez Malebranche, Biran et Bergson*, pp. 91-92.

44. Merleau-Ponty, *PP.*, p. 483.

45. Merleau-Ponty, *PP.*, p. 483.

46. Merleau-Ponty, *PP.*, pp. 483-484. « La perspective temporelle, la confusion des lointains, cette sorte de "ratatinement" du passé dont la limite est l'oubli, ne sont pas des accidents de la mémoire, n'expriment pas la dégradation dans l'existence empirique d'une conscience du temps en principe totale, ils en expriment l'ambiguïté initiale ; retenir, c'est tenir, mais à distance ». Merleau-Ponty, *PP.*, pp. 483-484.

47. On pourrait voir l'excellente Note intitulée : « (Bergson) la transcendance - l'oubli - le temps », *VI.*, pp. 247-250.

48. Merleau-Ponty, *L'union de l'âme et du corps chez Malebranche, Biran et Bergson*, p. 95.

49. Merleau-Ponty, *VI.*, p. 250.

50. Merleau-Ponty, *VI.*, p. 250.

51. Merleau-Ponty, *PP.*, p. 30.

52. Merleau-Ponty, *Résumés de cours*, pp. 61-62.

53. « Il y a du passé architectonique. Cf. Proust : les vraies aubépines sont les aubépines du passé – Restituer cette vie sans *Erlebnisse*, sans intériorité(...) qui est(...) la vie "monumentale", la *Stiftung*, l'initation. Ce "passé" appartient à un temps mythique, au temps d'avant le temps, à la vie antérieure, "plus loin que l'Inde et que la Chine". Que vaut à son égard l'analyse intentionnelle ? (...) Mais précisément, il y a là quelque chose que l'analyse intentionnelle ne peut saisir, car, elle ne peut s'élever (Husserl) à cette " simultanéité" qui est méta-intentionnelle ». Merleau-Ponty, *VI.*, pp. 296-297.

54. Merleau-Ponty, « Le problème de la passivité : le sommeil, l'inconscient, la mémoire », in *Résumés de cours*, p. 68.

55. *Ibid.* p. 67.

56. Merleau-Ponty, *ibid.*, p. 67, « La négation du monde dans le sommeil est aussi une manière de le maintenir ». Merleau-Ponty, *Ibid.*, p. 68. « dans le sommeil,(...) je ne garde présent le monde que pour le tenir à distance ». *PP.*, p. 328.

57. « La conscience dormante n'est (...) pas un recès de néant pur, elle est encombrée des débris du passé et du présent, elle joue avec eux ». Merleau-Ponty, *Résumés de cours*, p. 68.

58. Merleau-Ponty, *Ibid.*, p.68.

59. « Si la conscience, dit Sartre, ne peut jamais saisir ses propres désirs que sous forme de symboles, ce n'est point, comme le croit Freud, à cause d'un refoulement qui l'obligerait à les déguiser : c'est parce qu'elle est

dans l'incapacité de saisir quoi que ce soit de réel sous forme de réalité. Elle a entièrement perdu la fonction du réel ». *L'imaginaire*, p. 216. Cité par Pontalis, « Note sur le problème de l'inconscient chez Merleau-Ponty », *Les Temps Modernes*, p. 294, Note 16.

60. « On perd (...) de vue (quand on réduit l'inconscient freudien à la mauvaise foi) ce que Freud a apporté de plus intéressant, non pas l'idée d'un second "je pense" qui saurait ce que nous ignorons de nous, mais l'idée d'un symbolisme qui soit primordial, originaire, d'une "pensée non conventionnelle" (Politzer) enfermée dans un "monde pour nous", responsable du rêve et plus généralement de l'élaboration de notre vie ». Merleau-Ponty, *Ibid.*, pp. 69-70. (La première parenthèse est de nous).

61. « Le réel et l'imaginaire, par essence, dit Sartre, ne peuvent coexister. Il s'agit de deux types d'objets, de sentiments et de conduites entièrement irréductibles ». *L'imaginaire*, p. 188, cité par Pontalis, op. cité p. 294, Note 14.

62. Merleau-Ponty, *ibid.*, p.68.

63. « Nos relations de la veille avec les choses et surtout avec les autres ont par principe un caractère onirique : les autres nous sont présents comme des rêves, comme des mythes, et ceci suffit à contester le clivage du réel et de l'imaginaire ». Merleau-Ponty, *ibid.*, p. 69.

64. Merleau-Ponty, *PP.*, p. 396.

65. Merleau-Ponty, *SC.*, p. 237.

66. Merleau-Ponty, *PP.*, pp. 395 ; 394 ; 388 ; 343 ; 340.

67. Merleau-Ponty, *PP.*, p. 385.

68. Cf. Merleau-Ponty, *PP.*, pp. 385 et suivantes.

69. Merleau-Ponty, *PP.*, p. 385.

70. Merleau-Ponty, *PP.*, pp. 389-390 ; 391 ; 393.

71. Merleau-Ponty, *PP.*, p. 390.

72. « La phénoménologie apporte ici à la psychanalyse des catégories, des moyens d'expression dont elle a besoin pour être tout à fait elle-même. Elle lui permet de reconnaître sans équivoque la "réalité psychique", l'essence "intrasubjective" des formations morbides, l'opération fantastique qui reconstruit un monde en marge et à l'encontre du monde vrai, une histoire vécue sous l'histoire effective, et qui s'appelle la maladie ». Merleau-Ponty, « Préface à l'œuvre de Freud et son importance pour le monde moderne », par Dr A. Hesnard, p. 5.

73. Merleau-Ponty, *SC.*, p. 237 ; PP., p.388.

74. Merleau-Ponty, *SC.*, p. 237.

75. Merleau-Ponty, *PP.*, p. 388.

76. Merleau-Ponty, *PP.*, p. 392.

77. Merleau-Ponty, *SC.*, p. 237.

78. Merleau-Ponty, *SC.*, p. 238.

79. Merleau-Ponty, *PP.*, p. 338.

80. « (…) c'est bien le propre de l'illusion de ne pas se donner comme illusion, et il faut ici que je puisse, sinon percevoir un objet irréel, du moins perdre de vue son irréalité ; il faut qu'il y ait au moins inconscience de l'imperception, que l'illusion ne soit pas ce qu'elle paraît être et que pour une fois la réalité d'un acte de

conscience soit au-delà de son apparence ». Merleau-Ponty, p. 341.

81. Merleau-Ponty, *PP.*, p. 396.

82. Merleau-Ponty, *SC.*, pp. 237-238. p. 389.

83. « Nous ne nous réduisons pas à la conscience idéelle que nous avons de nous, pas plus que la chose existante ne se réduit à la signification par laquelle nous l'exprimons ». Merleau-Ponty, *SC.*, p. 238. Cf. *PP.*, p. 389.

84. Merleau-Ponty se réfère ici à J-P. Sartre, *La transcendance de l'Ego*, *Recherches philosophiques*, 1936-1937. Merleau-Ponty ne donne pas la pagination. Nous n'avons pas pu trouver chez Sartre, dans *La transcendance de l'Ego*, une telle affirmation. Il s'agit là, pensons-nous, de la pensée de Merleau-Ponty lui-même.

85. Merleau-Ponty, *SC.*, p. 237.

86. Merleau-Ponty, *PP.*, p. 330.

87. Merleau-Ponty, *PP.*, p. 433.

88. Merleau-Ponty, *PP.*, p. 433.

89. Merleau-Ponty, *PP.*, p. 433.

90. La parenthèse est de nous.

91. Merleau-Ponty, *PP.*, pp. 433-434.

92. Merleau-Ponty, *PP.*, p. 434.

93. Merleau-Ponty, *PP.*, p. 434.

94. J-P. Sartre, *L'Être et le Néant*, p. 579.

95. Merleau-Ponty, *PP.*, p. 434.

96. Merleau-Ponty, *PP.*, p. 434.

97. Merleau-Ponty, *PP.*, pp. 434-435.

98. Merleau-Ponty, *PP.*, p. 435.

99. Merleau-Ponty, *PP.*, p. 437.

100. « Les sentiments illusoires ou imaginaires sont bien vécus, mais pour ainsi dire avec la périphérie de nous-mêmes ». Merleau-Ponty, *PP.*, p. 435. Merleau-Ponty se réfère à Scheler, *Idole des Selbsterkenntnis*, pp. 63 et suivantes.

101. Merleau-Ponty, *PP.*, p. 435.

102. « La jeune fille aimée ne projette pas ses sentiments en Isolde ou en Juliette, elle éprouve les sentiments de ces fantômes poétiques et les glisse dans sa vie. C'est plus tard, peut-être, qu'un sentiment personnel et authentique rompra la trame des fantasmes sentimentaux. Mais tant que ce sentiment n'est pas né, la jeune fille n'a aucun moyen de déceler ce qu'il y a d'illusoire et de littéraire dans son amour. C'est la vérité de ses sentiments futurs qui fera paraître la fausseté de ses sentiments présents, ceux-ci sont donc bien vécus, la jeune fille s'"irréalise" en eux comme l'acteur dans son rôle, et nous avons ici, non pas des représentations ou des idées qui déclencheraient des émotions réelles, mais bien des émotions factices et des sentiments imaginaires ». Merleau-Ponty, *PP.*, p. 435.

103. Merleau-Ponty, *PP.*, pp. 435-436.

104. Merleau-Ponty, *PP.*, p. 371.

105. A. De Waelhens, *Une philosophie de l'ambiguïté, l'existentialisme de M. Merleau-Ponty*, pp. 270-271.

106. Cf. Merleau-Ponty, *PP.*, pp. 435-437. A. De Waelhens, *Une philosophie de l'ambiguïté, l'existentialisme de M. Merleau-Ponty*, p. 271.

107. Cf. De Waelhens, *ibid.*, p. 271.

108. *Ibid.*, p. 271.

109. *Ibid.*, pp. 271-272.

110. Merleau-Ponty, *PP.*, p. 436.

111. Merleau-Ponty, *PP.*, p. 436. La parenthèse est de nous.

112. « Le vécu est bien vécu par moi, je n'ignore pas les sentiments que je refoule et en ce sens il n'y a pas d'inconscient ». Merleau-Ponty, *PP.*, p. 343.

113. Merleau-Ponty, *PP.*, p. 436.

114. Merleau-Ponty, *PP.*, p. 436.

115. Merleau-Ponty, *PP.*, p. 342.

116. Merleau-Ponty, *PP.*, p. 436.

117. Merleau-Ponty, *PP.*, pp. 436-437.

118. « ... le contenu latent, c'est-à-dire la connaissance du sens du rêve, ne peut être avant l'analyse ni conscient, ni inconscient (...) ». Politzer, *Critique des fondements de la psychologie*, p. 205.

119. Merleau-Ponty, *PP.*, p. 196.

120. Merleau-Ponty, *PP.*, p. 182.

121. Merleau-Ponty, *PP.*, p. 196.

122. Merleau-Ponty, *PP.*, p. 437.

123. Merleau-Ponty, *PP.*, p. 196, p. 437.

124. A.De Waelhens, *Une Philosophie de l'ambiguïté, l'existentialisme de M. Merleau-Ponty*, p. 272.

125. J. Laplanche et J-B. Pontalis, *Vocabulaire de la psychanalyse*, p. 101.

126. Cf. Merleau-Ponty, « Le problème de la passivité : le sommeil, l'inconscient, la mémoire », *Résumés de cours*, p. 70.

127. Quand Merleau-Ponty parle dans les *Résumés de cours*

de l'inconscient freudien, il en parle toujours comme d'un « second sujet pensant en nous ». Cf. « Le problème de la passivité : le sommeil, l'inconscient, la mémoire », *Résumés de cours*, pp. 69-71.

128. Merleau-Ponty, *PP.*, p. 437.

129. Cf. A. De Waelhens, *Une philosophie de l'ambiguïté, l'existentialisme de M. Merleau-Ponty*, p. 273.

130. Merleau-Ponty, *PP.*, p. 437.

131. Merleau-Ponty, *PP.*, p. 437.

132. Merleau-Ponty, *PP.*, p. 438.

133. « La même raison me rend capable d'illusion et de vérité à l'égard de moi-même : c'est à savoir qu'il y a des actes dans lesquels je me rassemble pour me dépasser ». Merleau-Ponty, *PP.*, p. 439.

134. Se basant sur le texte où Merleau-Ponty ne veut pas faire de l'amour faux un inconscient, J. François Lyotard écrit ceci : « Ce que Freud appelait inconscient, c'est en définitive une conscience qui ne parvient pas à se saisir elle-même comme spécifiée (...) ». *La Phénoménologie*, p. 72.

CHAPITRE V

LA FORMATION DE L'INCONSCIENT
(le refoulé et le complexe)

(le refoulement secondaire et le refoulement primaire)

Ce que nous avons dit du temps va nous aider à présent à comprendre le refoulement primaire et le refoulement secondaire ou l'inconscient pathologique.

Comme toujours, Merleau-Ponty critique et dépasse, mais là, les choses sont particulièrement compliquées, car Merleau-Ponty ne semble, à première vue, dépasser Freud que par des idées dont lui ne réclame aucune originalité. Nous verrons qu'il n'en est cependant pas toujours ainsi. Dès *La Structure du comportement* et sans jamais l'abandonner, Merleau-Ponty tient à l'idée fondamentale chez lui, de l'inconscient interprété en termes de «fixation». Mais il y a d'autres idées dont Merleau-Ponty parle, mais bien implicitement : telle est notamment, à notre sens, la négation du réalisme, idée fondamentale, comme on sait, chez Politzer.

Nous allons, pour commencer, aborder le problème du psychisme, voir quelques objections de Merleau-Ponty à Freud, le problème du refoulé interprété en termes de représentations (Freud), le refoulé et le complexe selon Merleau-Ponty, l'inconscient compris comme le retour au primitif et enfin ramener deux objections de Merleau-Ponty à celles de Politzer : le réalisme et l'abstraction. Tel sera le programme de ce chapitre.

1. Le psychisme

Qu'est-ce que le psychisme, quel est son rapport au somatique, y a-t-il là deux réalités distinctes, est-ce le psychisme qui met en action le somatique ou est-ce, au contraire, celui-ci qui meut le premier ? Ce sont là les problèmes les plus cruciaux de la psychologie. La tradition met déjà à notre disposition deux solutions : l'une, comme celle de Watson, est une psychologie sans conscience, psychologie du comportement, et l'autre, une psychologie spiritualiste, une psychologie de l'âme. Mais le somatique et le psychique ne sont pas deux substances ou deux réalités distinctes : l'une spirituelle et l'autre matérielle[1]. L'homme normal n'est pas, dit Merleau-Ponty, un corps composé de certains instincts «autonomes» qui formeraient une infrastructure couronnée d'un esprit qui déploierait ses forces sur elle[2]. Si la distinction du psychisme et du somatique a sa place en pathologie, elle ne peut pour autant–selon Merleau-Ponty–servir à la connaissance de l'homme normal : chez celui-ci les processus somatiques ne se déroulent pas isolément[2] ; ils sont, pour ainsi dire, insérés dans le psychisme. Le psychisme et le somatique ne constituent pas dans l'homme deux réalités distinctes, opposées ou extérieures l'une à l'autre : il ne s'agit là que de deux types de rapport dont le supérieur intègre toujours l'inférieur[2]. Le corps n'est pas, chez le normal, distinct du psychisme[3]. Le psychisme et le somatique ne sont pas deux «puissances d'être»[4]. La distinction entre eux n'est donc pas substantielle mais fonctionnelle[5].

S'il y a le psychisme d'une part et le somatique de l'autre, on ne voit pas comment des troubles gnosiques pourraient se traduire par la perte des initiatives sexuelles[6]. La liaison si intime entre le somatique et le psychique, la négation du réalisme de celui-ci conduit Merleau-Ponty à ne pas concevoir une maladie, dite mentale, qui n'aurait rien à voir avec le somatique[7]. Puisque le psychique n'est pas derrière le corps, on est obligé de revenir à celui-ci pour le comprendre. Merleau-Ponty est en effet beaucoup plus près de Watson qu'il ne l'est de la psychologie spiritualiste au sens classique de ce mot. C'est à la description objective du comportement qu'ils s'intéressent tous deux. La différence est évidemment grande, car si pour ce psychologue, faire une psychologie de comportement, c'est en faire, comme Descartes, un morceau d'étendue, pour Merleau-Ponty, revenir au corps, c'est en faire une conscience.

Le psychisme n'est pas une réalité distincte du somatique, mais une structure du comportement. Il est la «manière» ou la «forme» dont la conduite est «structurée»[8]. «La structure et le sens immanent de la conduite (...) sont – dit Merleau-Ponty – la seule "réalité" psychique (...). Ce que nous appelons psychisme est (...) un objet devant la conscience»[9]. Ainsi, puisqu'il est une manière d'organiser la conduite, le psychisme est une réalité objective et observable du dehors[10]. Puisqu'il en est ainsi, le soi-disant problème de l'introspection devient, chez Merleau-Ponty, un procédé de connaissance comparable à l'observation extérieure[11].

La définition du psychisme comme structure de conduite ou comme réalité donnée à la perception externe est celle-là même que met en évidence la phénoménologie et plus précisément l'idée de l'intentionnalité. Comme l'a dit Sartre, la conscience n'a pas de «dedans»[12], elle est tout entière au «dehors», et c'est cette fuite incessante hors d'elle-même qui la constitue comme telle. Le psychisme n'est que par ce mouvement de la conscience vers le monde ; il n'est pas un ensemble d'états internes, mais une structure manifeste de la conscience, structure accessible du dehors[13]. C'est là où, selon Merleau-Ponty, la phénoménologie donne à la psychanalyse le moyen de reconnaître sans équivoque la « réalité psychique »[14]. L'objet de la psychologie n'est pas une intériorité pure, intériorité accessible à l'intuition seule ou l'introspection pure : son objet est une « structure » ou une « signification »[15].

Mais si le psychisme est saisissable du dehors, l'« inconscient », puisque c'est du psychisme[16], doit être, lui aussi, saisissable du dehors. Nous verrons plus loin comment, pour Merleau-Ponty, l'inconscient est une forme ou une structure spéciale de la conscience et ce que sont justement ces structures. Pour Freud, d'après Politzer[17], ce sont les effets seuls de l'inconscient qui sont visibles ou manifestes, jamais l'inconscient lui-même. On voit des effets, des actes manqués, des symptômes, le contenu manifeste du rêve, mais pas l'« inconscient », la cause. Cela n'a cependant pas empêché Freud, d'après Politzer, de postuler l'inconscient comme une réalité objective, un être réel. Ce dédoublement – cause et effet, rêve et inconscient – est illégitime, pense Politzer, car tout d'abord, c'est du manifeste que l'on part (ce qui veut dire pour Politzer que l'inconscient y est impliqué, sinon comment y trouver un point de départ ?) mais, une fois arrivé à ce que l'on appelle le « contenu latent », on lui donne un statut d'être et on tombe ainsi dans l'ontologie du réalisme. Mais le « sens » d'une conduite ou même d'une « vie longue » n'exige pas d'ontologie réaliste pour comprendre sa force d'orientation. C'est ainsi que, par exemple, un sujet ayant très peur de l'échec ne se présente pas à l'examen malgré ses efforts : il a raté son train et son métro (faisant le trajet en sens inverse) alors qu'il connaît parfaitement son chemin, il le fait quotidiennement. Le sens inconscient (la peur d'être jugé) s'annonce dans ces conduites mêmes d'échec. L'inconscient est, en ce sens, lui-même un objet de perception externe ou une structure manifeste de la conscience. Cependant, avant de le voir avec la formation de l'inconscient, essayons de systématiser un peu ces deux reproches que fait Merleau-Ponty à Freud : comment celui-ci ne distingue pas la dialectique vitale de la dialectique humaine et comment l'inconscient, et plus précisément le refoulé, est interprété en termes de représentations.

a) La vie de la conscience ou de la perception (la dialectique humaine)

En effet, Merleau-Ponty se contente ici d'une simple allusion – mais l'allusion est fondamentale – pour dire que Freud ne distingue pas la dialectique humaine de la dialectique vitale[18]. Ce que Merleau-Ponty vise, mais sans effectivement le discuter ou le préciser, c'est, au fond, l'aspect « pulsionnel » du freudisme. La vie humaine ne serait pour celui-ci, d'après ce reproche que lui fait Merleau-Ponty, qu'une dialectique vitale. Une vie vitale pour Merleau-Ponty est celle déterminée par les a priori biologiques. Or, pour Merleau-Ponty, la dialectique humaine ne se réduit ni à une dialectique vitale (= pulsion – comportement) ni à celle de l'organisme et de son milieu (= excitants physiques ou sociologiques et réponses). Il ne saurait être question d'expliquer tout à fait la vie de la conscience du dehors ou du dedans, par des excitants et des causes sociologiques, ou par des pulsions et leur représentant[19] :

A / – Le rapport de la conduite à ses variables dont elle dépend est celui de signification, la relation est intrinsèque[20]. C'était en vue de réagir contre la causalité dans la perception, c'est-à-dire contre l'origine empirique de la perception, que Merleau-Ponty affirmait contre les Gestaltistes que la « structure » est pour la perception[20]. C'est celle-ci qui la confère comme « sens » à des données perceptibles. Mais la notion de structure n'est pas pour Merleau-Ponty uniquement conçue pour dépasser la passivité et l'analyse qui décomposent tout en éléments simples, elle l'est aussi pour dépasser l'extériorité moi-monde[21]. Au niveau philosophique ou ontologique, l'idée de « structure » joue dans *La Structure du comportement* le rôle que joue la notion de chair dans *Le Visible et l'Invisible*. Toutes les deux tentent à établir une relation intrinsèque entre la conscience et son monde. Dire que la structure est pour la perception, c'est, pour Merleau-Ponty, dire que je ne suis pas inséré dans les choses, déterminé par elles. C'est ainsi que la notion de structure intervient chez Merleau-Ponty, non seulement comme une réalité objective au sens de Goldstein et Paul Guillaume, mais aussi comme une notion philosophique[22]. Plutôt donc que de dire que le comportement est tout à fait déterminé et structuré par son milieu, il faut dire que celui-ci lui est immanent comme « sens » ou signification[20].

B / – Mais si la conduite n'est pas déterminée par des forces externes, elle ne peut davantage, pour Merleau-Ponty, être déterminée par des « forces biologiques internes ». C'est pour mettre en évidence la dialectique humaine que Merleau-

Ponty a distingué trois dialectiques différentes. Un système physique, dit-il, se caractérise dans son mode d'être par l'«équilibre» à l'égard des forces qui l'entourent[23]. Il est, pour parler le langage phénoménologique, dépourvu de toute intentionnalité. L'organisme animal, lui, «s'aménage un milieu stable correspondant aux a priori monotones du besoin et de l'instinct»[24]. L'homme seul, par le travail au sens de Hegel[25], inaugure une troisième dialectique[23]. Celle-ci désigne cette capacité qu'a l'homme de créer des structures et d'en dépasser d'autres: celles qui sont déjà là[26]. Cette capacité ne va cependant pas sans limites: si l'homme peut en créer et les dépasser, c'est pour enfin s'y emprisonner[27]. Et c'est encore pour distinguer la dialectique humaine de la dialectique vitale que Merleau-Ponty a distingué trois types de comportement: les comportements syncrétiques – la vie des invertébrés – les comportements amovibles – ceux des singes par exemple – et les comportements symboliques – la dialectique ou la vie proprement humaine[28].

La dialectique humaine se caractérise par la capacité de «varier» des perspectives[29] et de ne pas être «rivée» à des a priori biologiques internes. La vie humaine n'est pas «pulsion», «représentations» et décharge ou comportement. L'homme introduit entre lui et ses besoins tout un monde – un troisième monde – au sens de Popper. Ce monde est celui de la création, notamment le langage. Si l'homme est capable d'inaugurer une dialectique humaine, c'est parce qu'il n'est pas tout à fait rivé à des forces biologiques internes et impitoyables. Le comportement n'est pas la simple exécution d'une intériorité biologique.

Il y a donc une dialectique humaine et une dialectique

vitale. Celle-ci est une activité instinctive et biologique[30]. Une activité biologique est celle qui, selon Merleau-Ponty, n'offre pas d'ambiguïté : elle vise des objets vitaux bien déterminés[30]. La perception animale, a-t-on montré, n'est sensible qu'à une certaine forme concrète de stimuli dont l'instinct prescrit lui-même la forme, et ce qui ne correspond pas à l'instinct reste hors du champ sensoriel de l'animal[31]. Celui-ci donc est orienté par ses tendances, il ne saurait faire autre chose que cela. Mais des malades trop tôt replacés dans leur milieu ancien tentent le suicide[32]. Ils se situent ainsi, non dans l'univers biologique, mais dans celui des relations humaines[32]. La perception primitive, ou la conduite enfantine, n'est pas le résultat des processus énergétiques, des tendances ou des besoins émergés dans le psychisme et lui donnant des consignes à exécuter docilement sous forme de corps vécu[33]. Si la psychanalyse ne distingue pas ces deux dialectiques, il ne lui reste qu'à décomposer ou analyser des « pulsions », faire correspondre à chaque activité particulière un certain nombre déterminé de pulsions. La psychanalyse deviendrait une biologie raffinée et sans aucune plasticité dans les données organiques. Mais la pulsion, a-t-on dit[34], est susceptible de toute une série de métamorphoses, il y a donc en elle une plasticité. C'est cette plasticité qui permet la sublimation[34].

Pris donc sans être nuancé, ce reproche de Merleau-Ponty à Freud risque d'être inexact. La pulsion n'est pas un a priori biologique synonyme de l'instinct. Si l'instinct désigne des comportements préformés et fixes, la « pulsion » désigne plutôt une « poussée ». Dans *La Structure du comportement*, Merleau-Ponty fait comme si Freud ne parlait que de la dialectique vitale : sinon quel sens y a-t-il à dire que Freud ne distingue pas la dialectique humaine de la dialectique vitale ? Mais Freud n'est-il pas l'auteur de cette fameuse «pulsion de mort»? En effet, Merleau-Ponty parle lui-même, dans *La Structure du comportement*, de la sublimation[35]. Il reproche ici à Freud d'avoir tout réduit à la sexualité ou à l'histoire de la libido[35]. Parlant de la sublimation chez Freud, Merleau-Ponty reconnaît implicitement par là la plasticité des pulsions chez celui-ci.

La thèse cependant est ambivalente chez Freud lui-même. Pour savoir ce qu'est la nature de la libido, comment elle poursuit son développement, Freud semble – d'après Merleau-Ponty – en avoir fait deux hypothèses. La libido serait, d'après la première, une «tendance» qui porte en elle la date et toute la nature de ses phases successives[36]. La libido serait donc prédestinée et aurait un but fixe une fois pour toutes[37]. L'organisme aurait, en ce sens, un calendrier inné. Le déclin du complexe d'Œdipe, par exemple, ne serait qu'une phase atteinte. La libido serait une entéléchie qui aurait fixé une fois pour toutes les étapes de développement, le déclin du complexe d'Œdipe, l'arrivée et le départ de la puberté, etc. La seconde hypothèse, elle, est tout autre, elle est l'opposé de la première : « La libido ne serait pas prédestinée, elle n'aurait pas un but fixé une fois pour toutes »[36]. Le déclin du complexe d'Œdipe est dû, dans cette hypothèse, à l'expérience, à l'échec[37]. La petite fille qui se croyait bien aimée du père, la voilà un jour punie par lui. La frustration répétée et l'impasse sur laquelle débouche le complexe d'Œdipe serait donc la cause de sa disparition[38]. L'homme est un être qui se fait. Ce que vise donc Merleau-

Ponty, c'est la première hypothèse (qui n'est pas la seule) d'un organisme qui aurait un calendrier inné.

C'est un fait qu'on reproche à Freud sa tendance parfois un peu trop biologiste. Mais si l'on considère la conduite comme déterminée par des forces biologiques, la psychanalyse risque, comme on l'a dit[39], de devenir une thématisation des pulsions. S'il en est ainsi, Merleau-Ponty aurait plus en commun avec Watson qu'il n'en a avec la psychanalyse. La phénoménologie n'est-elle pas cette philosophie qui fait jouer au maximum le rôle de l'extériorité ? Mon rapport au monde et à autrui ne sont-ils pas ses thèmes inépuisables ? Une psychologie pour laquelle tout est inné, c'est-à-dire pour laquelle il y a un calendrier inné de l'organisme n'est pas pour Merleau-Ponty si différente de la philosophie transcendantale[40]. Et elles ne sauraient se distinguer si, pour l'une comme pour l'autre, la tâche, c'est de décrire le sens des événements psychologiques[40].

En somme, le comportement, le développement de la personnalité, n'est ni tout à fait dans le monde – structuré et déterminé par lui – ni tout à fait dans le corps, c'est-à-dire structuré et poussé par des besoins internes : il est dans le monde, en rapport dialectique avec lui ; l'homme, ainsi que le dit Goldstein, n'est pas rivé à ses instincts[41].

Le reproche que l'on vient de voir et qui, en dernière analyse, ne touche qu'un aspect de la thèse freudienne, n'est pas le seul ; un autre est celui de l'interprétation de l'inconscient ou du refoulé en termes de représentations. Mais pour comprendre ce reproche souvent répété par notre auteur, il convient de comprendre ce que Freud entend par là, ou du moins comment il parle.

b) L'inconscient ou le refoulé interprété en termes de représentations (Vorstellungen)

Dans la *Métapsychologie*, Freud distingue deux types d'excitations : une excitation externe et une excitation interne, pulsionnelle. Si le sujet peut fuir la première, il ne peut, dit Freud[42], fuir la seconde : il doit coûte que coûte l'assumer. Les pulsions ont, d'après Freud, quatre destins :

A/ le reversement dans le contraire ;

B/ le retour sur la personne elle-même ;

C/ le refoulement

D/ la sublimation[43].

Un autre destin, nous semble-t-il, doit être ajouté, dont Freud ne parle pas ici : c'est celui où la pulsion suit son cours normal. C'est au fond de ce dernier destin que nous avons parlé dans le paragraphe précédent ; c'est là où les pulsions sont considérées comme des forces motrices du comportement. Nous nous limitons ici aux pulsions refoulées ou plus exactement aux représentants refoulés des pulsions.

Mais que veut-on dire, au juste, par refoulement ? Quel est son sens et comment arrive-t-il à avoir lieu ? « Le motif et la finalité du refoulement, (...) ne sont rien d'autre, dit Freud, que l'évitement du déplaisir »[44]. Il y a refoulement lorsque la réalisation d'une pulsion est opposée aux autres exigences, c'est-à-dire quand sa réalisation est pour celles-ci et non pour elle-même, un déplaisir. Mais comme la pulsion est, par définition, une force constante et dynamique, un conflit est inévitable. Deux pulsions opposées – la réalisation (= le plaisir) de l'une est le déplaisir de l'autre – ne peuvent coexister. Le refoulement intervient comme une solution. Mais pour que le refoulement ait lieu, une condition est nécessaire : il faut que le motif de déplaisir acquière, dit Freud, une puissance supérieure à celle de la pulsion de satisfaction[44]. On a là ce que Merleau-Ponty appelle, avec Politzer, des forces et des contreforces, des forces refoulantes et des forces refoulées[45]. Mais si, comme le dit Freud, une pulsion est une force et que le sujet ne peut s'y soustraire, comme nous l'avons vu, que veut dire au juste : refouler et être refoulé ? Pour le comprendre, il faut revenir à cette idée que se faisait Freud du psychisme. Freud en parle comme d'un appareil. Il est composé de deux systèmes : l'inconscient, le préconscient et la censure entre les deux[46].

On a là l'appareil psychique et le somatique (situation à comparer, pour la comprendre, à celle du corps et de l'âme ou à celle du corps et du cerveau). L'origine et la source dernière de la pulsion, c'est le somatique. La pulsion, c'est la demande du somatique faite au psychique. Elle est, dit Daniel Lagache, « un concept-frontière entre le biologique et le mental »[47]. Une fois pénétrée dans l'appareil psychique, elle devient représentation : « représentant de la pulsion ». Celui-ci est de la traduction de la pulsion[48]. Les pulsions sont pour Freud essentiellement inconscientes, ce sont les représentants des pulsions, qui eux, peuvent être conscients ou inconscients[49]. Et ce sont les représentants des pulsions qui font l'objet du refoulement. Ce qui est refoulé, en d'autres mots, ce n'est pas la pulsion, mais c'est sa représentation[49]. Une motion d'affect peut être perçue, vécue mais méconnue, c'est le cas par exemple là où sa représentation a été refoulée, qu'elle s'est attachée à une autre représentation et que la conscience la prend à tort pour celle-ci[50]. Bien que l'effet de la motion d'affect ne soit pas, lui, inconscient, il est considéré comme inconscient en raison de sa représentation refoulée[51,52]. Mais refouler, ce n'est pas supprimer ou anéantir la représentation représentant la pulsion, c'est, dit Freud, l'empêcher de devenir consciente[53]. Refouler, c'est ne pas laisser la représentation arriver à la conscience et l'inhiber pour la mettre dans l'inconscient, «espèce de réservoir», dit Piron[54]. Être refoulé, c'est se voir interdire l'accès au système préconscient et être mis dans l'inconscient (Ics). Une fois refoulée, la représentation «demeure dans le système Ics comme formation réelle. (...) Les représentations sont des investissements fondés sur des traces mnésiques»[55,56]. Toute représentation est, en outre, investie d'une certaine quantité d'énergie et située quelque part dans l'appareil psychique. Sont dites refoulées, et par conséquent inconscientes, les représentations situées dans l'Ics. «Le noyau de l'Ics est constitué par des représentants de la pulsion qui veulent décharger leur investissement, donc par des motions de désir»[57].

On comprend à présent que le «refoulé», c'est-à-dire «l'inconscient», est une représentation représentant la pulsion. Le refoulement se fait au moyen des contre-forces. Celles-ci barrent le chemin de la pulsion vers la conscience et conduisent ses représentants à être refoulés ou placés dans l'inconscient. Mais les représentants refoulés doivent être constamment ainsi maintenus, car étant des forces énergétiques, ils risquent à tout moment de franchir l'inconscient et d'envahir la conscience.

Aussi, Freud conçoit-il un refoulement permanent. Celui-ci « exige une dépense persistante de force ; si elle venait à cesser, le succès de celui-ci (le refoulement) serait mis en question, un nouvel acte de refoulement deviendrait alors nécessaire. (…) Le refoulé exerce, en direction du conscient, une pression continue, qui doit être équilibrée par une contre-pression incessante. Maintenir le refoulement suppose donc une dépense constante de force ; le supprimer, cela signifie, du point de vue économique, une épargne »[58].

Pour exprimer le refoulement, Freud parle aussi d'« investissement ». Une représentation est dite refoulée (= inconsciente) si elle a été désinvestie par le système préconscient (Pcs), ou ce qui revient au même, si elle a été investie par le système inconscient (Ics)[59]. L'investissement de celui-ci, sa capacité de lui attirer des représentations, semble jouer chez Freud, d'après Laplanche et Pontalis, un rôle capital dans le refoulement[60].

Mais devenir inconsciente ou être refoulée, ce n'est pas malgré tout, devenir à jamais impuissante. Une représentation refoulée peut se manifester[61]. C'est ce que l'on appelle les manifestations de l'inconscient : le rêve, les actes manqués, les symptômes névrotiques, etc. Tout refoulement n'est donc pas réussi[62] et c'est le non-réussi, dit Freud, qui intéresse la psychanalyse ; le refoulement réussi échappe la plupart du temps à notre étude[62].

Pour nous rappeler un point fondamental, l'identification de l'inconscient au refoulé saute aux yeux. L'inconscient identifié au refoulé ne correspond cependant qu'à la première conception freudienne, celle d'après laquelle le psychisme (ou l'appareil psychique) se divise en trois parties différentes : l'inconscient, le préconscient et le conscient. La seconde conception de Freud est celle du « ça », du « moi » et du « sur-moi ». Le « ça » et le « sur-moi » sont inconscients. Et même une partie du « moi » est inconsciente : sinon comment comprendre la résistance des malades, l'homme qui s'oppose à sa propre santé ? Le refoulement peut se faire d'une manière consciente, préconsciente et inconsciente. Avec l'idée d'une partie du moi inconsciente, Freud arrive à l'idée de l'inconscient refoulant. L'inconscient n'est donc plus identifié au refoulé. Il nous est impossible de développer davantage cette dernière conception.

Pour nous résumer, l'interprétation de l'inconscient chez Freud, en termes de représentations, saute aux yeux. Freud parle encore le langage de *Vorstellung*, celui de la psychologie de son temps (les traces mnésiques) et même celui des naturalistes : (chaque pulsion et chaque représentation est douée d'une qualité d'énergie). La pulsion est le ressort du mécanisme psychique, c'est elle qui entretient toute activité psychique[63]. Elle est, en d'autres mots, en position d'alimenter constamment le psychique[64]. Mais si, pour Freud, le psychisme est un appareil et le refoulé une représentation, pour Merleau-Ponty, le psychisme, nous l'avons vu, est une structure du comportement et le refoulé, ce que nous allons voir, est lui aussi une structure typique du comportement : en d'autres mots, il n'est pas une représentation. Si nous nous sommes référés ici à Freud, c'est d'abord pour rendre claire l'objection de Merleau-Ponty et ensuite, c'est pour rendre plus manifeste la position de Merleau-Ponty. Il y a toute une théorie du refoulement chez Merleau-Ponty et celle-ci n'a cependant jamais été soulignée,

Merleau-Ponty passe très curieusement pour le philosophe de la synthèse passive. Nous allons voir si cela est exact.

2. La formation de l'inconscient (= le refoulement)

Développement et fixation, temporalité et intemporalité, conscience et inconscience, sont des concepts dont la signification est ici presque la même. L'inconscient ou le refoulé, nous allons le voir, est l'opposé du développement de la conduite, l'intemporel de nos expériences. Le complexe, nous le verrons, est défini en termes analogues au refoulé.

Le développement de la conduite est à considérer non comme une dialectique de forces, c'est-à-dire des forces comportementales ou des besoins se fixant sur des objets donnés et hors d'elles, mais comme une structuration progressive, temporelle, et discontinue du comportement[65]. Le développement de la personnalité n'est pas celui d'un apprentissage «excitant-réponse» (ER), ni celui de l'idée d'après laquelle l'avenir est tout entier dans le passé ou dans des forces innées. Le développement implique, chez Merleau-Ponty, deux horizons : celui de nos expériences passées et celui de nos expériences actuelles, la multitude d'actes que j'accomplis à présent. L'organisation non pathologique du comportement «est celle qui réorganise la conduite en profondeur, de telle manière que les attitudes enfantines n'aient plus de place ni de sens dans l'attitude nouvelle ; elle aboutirait à un comportement parfaitement intégré dont chaque moment serait intérieurement lié à l'ensemble »[66]. La puberté, par exemple, doit être un stade et un comportement qui intègre en lui tous les autres stades et toutes les attitudes de la sexualité infantile. Les sexualités buccale et anale, par exemple, ne doivent pas figurer dans le comportement adulte : elles devaient être intégrées et dépassées comme telles. L'amour initial, celui qu'a l'enfant à l'égard de sa mère – amour de nature œdipienne – doit, pour laisser place à un autre amour – l'amour conjugal –, être intégré et dépassé comme tel. Il ne doit pas, en d'autres termes, constituer dans la vie du sujet, physiquement adulte, un système non-intégré, une zone d'expérience isolée ou intemporelle, c'est-à-dire fixe. L'inconscient freudien – et plus précisément celui où Freud identifie l'inconscient au refoulé – n'est rien d'autre pour Merleau-Ponty qu'une zone d'expérience non-intégrée, refoulée ou non dépassée, un système relativement isolé ou une expérience fixe (= intemporelle).

Ainsi, « on dira qu'il y a refoulement lorsque l'intégration n'a été réalisée qu'en apparence et laisse subsister dans le comportement certains systèmes relativement isolés que le sujet refuse à la fois de transformer et d'assumer »[67]. « Le refoulement dont parle la psychanalyse consiste en ceci que le sujet s'engage dans une certaine voie, – entreprise amoureuse, carrière, œuvre –, qu'il rencontre sur cette voie une barrière, et que, n'ayant ni la force de franchir l'obstacle ni celle de renoncer à l'entreprise, il reste bloqué dans cette tentative[68] et emploie indéfiniment ses forces à la renouveler en esprit. Le temps qui passe n'entraîne pas avec lui les projets impossibles, il ne se referme pas sur l'expérience traumatique, le sujet reste toujours ouvert au même avenir impossible, sinon dans ses pensées explicites, du moins dans son être effectif. Un présent parmi tous les présents acquiert donc une valeur d'exception : il déplace les autres et les destitue de leur valeur de présents authentiques. Nous continuons d'être celui qui un jour s'est engagé dans cet amour d'adolescent ou celui qui un jour a vécu dans cet univers parental. Des perceptions nouvelles remplacent les perceptions anciennes et même des émotions nouvelles remplacent celles d'autrefois, mais ce renouvellement n'intéresse que le contenu de notre expérience et non sa structure, le temps impersonnel continue de s'écouler, mais le temps personnel est noué. (…) Cette fixation[69], (…) ce passé (…) demeure notre vrai présent, (il) ne s'éloigne pas de nous (…). J'aliène mon pouvoir perpétuel de me donner des "mondes" au profit de l'un d'eux, et par là même ce monde privilégié perd sa substance et finit par n'être qu'une certaine angoisse. Tout refoulement est donc le passage de l'existence en première personne à une sorte de scolastique[68] de cette existence, qui vit sur une expérience ancienne ou plutôt sur le souvenir de l'avoir eue, puis sur le souvenir d'avoir eu ce souvenir, et ainsi de suite, au point que finalement elle n'en retient que la forme typique. (…) L'expérience refoulée (est) un ancien présent, qui ne se décide pas à devenir passé »[69]. « Le refoulé (…) (est cette) zone d'expérience que nous n'avons pas intégrée[70] ». Et il y a « un refoulement au sens restreint lorsque je maintiens à travers le temps un des mondes momentanés que j'ai traversés et que j'en fais la forme de toute ma vie » [71].

Ainsi, et sans qu'il y ait besoin de plus d'explication, le refoulé est défini, dans toute l'œuvre de Merleau-Ponty, comme une expérience non-intégrée, un genre d'automatisme monté et constitué dans le flux de la conscience[72]. Le refoulé n'est pas compris comme la mise dans l'inconscient d'une représentation représentant le désir ou la pulsion. C'est une conduite ou une expérience soustraite à l'emprise du sujet et devenue intemporelle, c'est-à-dire «fixe». Le refoulé perdrait toute son efficacité, dit Merleau-Ponty, s'il n'existait que comme des traces mnésiques ou des représentations inconscientes[73]. Le sexologue, Hesnard, approuve bien cette manière «merleau-pontienne» de définir le refoulé ou l'inconscient[73]. Le refoulé n'est pas une représentation mais une «attitude». De même, le conflit n'est pas entre deux représentations mais entre deux manières d'être. La définition du refoulé comme un système relativement isolé, une zone d'expérience non-intégrée, ne se confond ni avec «l'irréfléchi», l'inconscient primordial, ni avec la profondeur de la vie intentionnelle, ni avec l'idée d'une signification inaperçue (l'idée maîtresse de Politzer), ni avec la mauvaise foi de Sartre.

Le refoulé est ici à comparer au refoulement organique et plus exactement au membre-fantôme, le corps imaginaire. Le malade se fixe sur une expérience ancienne – sa jambe réelle – et refuse la mutilation. Le malade n'a pas renoncé à sa jambe vraie, celle-ci n'est pas intégrée ou dépassée, le malade y tient et compte encore sur elle. Il y a là à distinguer, d'après Merleau-Ponty, deux corps: un habituel et l'autre actuel[74]. Le premier, c'est le corps tel qu'il était, c'est le corps sain. Le second, c'est le corps devenu amputé. Le malade refuse celui-ci et se fixe sur le corps habituel et plus précisément sur sa jambe. Il fait comme si rien ne s'était passé. Le temps ne s'écoule plus pour lui. Il fait comme cette malade internée à dix-neuf ans et qui, à l'âge de trente ans, dit n'avoir que dix-neuf ans. La malade explique elle-même son drame: tant que cette situation n'a pas changé, tant que je suis là, tant que je ne suis pas sortie d'ici, et peut-être veut-elle dire aussi tant que je ne suis pas guérie, je n'ai et je n'aurai que dix-neuf ans[75]. Si donc le temps impersonnel s'écoule, le temps personnel lui, comme l'a dit Merleau-Ponty, reste noué. Si le malade souffre de sa jambe fictive, c'est parce qu'il reste encore ouvert aux actions dont ce membre seul était la clef[76]. Le refus de l'infirmité, du réel si l'on veut, signifie donc que le malade tient « encore » à ses projets, à son monde habituel où sa jambe jouait un rôle capital. Si l'on veut parler en termes de choix, comme le fait M. De Waelhens, il faut dire qu'ayant à opter entre un monde à faire à sa mesure et la perte de son monde prochain – le monde où il s'est choisi et s'est exercé jusqu'à présent – le malade préfère se nier comme liberté pour sauver celui-ci[77] : son monde habituel. En somme, refouler, pour Merleau-Ponty, ce n'est pas comme on le définit généralement en psychanalyse, interdire ou refuser à quelque chose d'apparaître à sa conscience, mais se fixer à un organe, un souvenir ou une expérience. C'est la « fixation » qui constitue le drame, celle-ci peut être fixation à un organe réel ou imaginaire, à une expérience fictive ou réelle. Mais le malade, celui qui souffre de son membre fictif, ignore-t-il sa mutilation ? Il ne l'ignore pas, car le monde la lui révèle justement en tant qu'il s'y tient : la conscience se découvre, comme on l'a dit, dans le monde. Comment peut-il l'ignorer quand il se fixe sur sa jambe ancienne et quand il essaie d'activer une région de son corps qu'il ne possède plus ? Mais il ne la connaît pas davantage, car sinon il ne tenterait pas sans cesse, et malgré les échecs, de marcher sur sa jambe qui n'est, en fait, qu'un corps fictif. Refouler, donc, un organe de son corps – au sens donné à ce mot – ce n'est pas l'ignorer, et pas davantage le connaître. De même, le sujet de la psychanalyse n'ignore pas son drame, mais il ne le connaît pas davantage nommément.

Refouler une expérience traumatisante ou une région de son corps, n'est pas, pour Merleau-Ponty, le seul refoulement. Il y a en effet toute une théorie générale du refoulement chez lui. C'est à l'intérieur de celui-ci que se forme le « refoulement secondaire », celui auquel Merleau-Ponty réduit le refoulé freudien.

Cette théorie consiste à considérer le « corps » comme par sa nature et par son essence fixation sur le passé, c'est-à-dire répétition de nos expériences anciennes. Mon corps est un gardien du passé. Si par exemple, l'essence du temps est de dépasser mes expériences anciennes, c'est-à-dire de faire qu'elles s'écoulent et de donner par là le primat à l'avenir, le corps lui, est un « complexe inné »[78], un « corps habituel » et non seulement un corps actuel. En effet, Merleau-Ponty explique le corps comme « complexe inné » par le temps lui-même. Celui-ci est un acte de « dépassement » et de « reprise ». Le temps reprend et répète toujours le passé. Il est donc, comme le corps, un « temps habituel » et un « temps actuel »[79]. L'idée du corps comme un « complexe inné », c'est-à-dire l'idée du corps comme un « corps habituel », c'est l'idée d'une conscience (= le corps) dont le refoulement, c'est-à-dire la fixation sur le corps ancien – ou la répétition des expériences passées – en est l'essence même. Être-au-monde, ce n'est pas se fixer uniquement à l'actuel mais c'est se fixer aussi à l'habituel. L'homme que je suis est aussi l'enfant que j'étais. Le présent pour Freud, a-t-on dit, est essentiellement répétition[80]. Merleau-Ponty ne dit pas autre chose, à condition cependant de ne voir dans cette affirmation que la moitié de la vérité, car, pris d'une manière générale, le présent est aussi dépassement ou création. Le refoulement général désigne cet aspect particulier qu'a toute expression ou tout instant d'être une « répétition » ou une « reprise » du passé. Chaque opération expressive, chaque période de notre vie, comporte en elle ce double mouvement de « progrès » et de « rechute ». Il n'y a pas, selon cette théorie, de jeunesse sans l'enfance, pas de sexualité adulte sans la sexualité infantile. Cela ne dit pas uniquement que l'une prépare l'autre, mais que la sexualité, dite adulte, comporte toujours en elle la sexualité infantile : cette sexualité pré-génitale, dit Freud. Mais le refoulement du passé peut constituer un drame tout particulier. S'y fixer, c'est être malade.

Mais à côté du refoulement général, il y en a un autre dont nous avons déjà parlé, un refoulement comme formation secondaire. Celui-ci désigne une fixation toute spéciale, devenue la « maladie ». La reprise de la sexualité infantile chez l'homme aux loups, par exemple, devient une « homosexualité » inconsciente[81]. La jeune fille à qui sa mère avait interdit de revoir le garçon qu'elle aime, devient aphone[82]. La perte de la parole est la reprise, ou plus exactement, à la fois la « reprise » et la « fixation » de la sexualité orale[83]. « En devenant père, un homme peut redevenir aussi l'enfant qu'il fut, se replacer sous la constellation œdipienne, (et) se désavouer comme père, avec les conséquences imaginables pour le couple (d'autant plus qu'au même moment la femme souvent reporte sur son propre père la paternité de l'enfant qu'elle met au monde) »[84]. Une œuvre littéraire peut aussi être la reprise et la répétition d'un drame particulier[85]. Il y a là un échange de rôles, l'homme devient l'enfant qu'il était : échange du corps et de l'âme, la mère devient la fille qu'elle fut, échange de l'imaginaire et du réel, l'homme refoule, au sens freudien maintenant, le réel (le papa qu'il est) et épouse l'imaginaire (il devient enfant)[85]. Ceci n'a pas cependant échappé à Freud. Celui-ci décrit, d'après Merleau-Ponty, ce genre d'expérience, d'échange de rôles, par un langage fait quelquefois sur mesure : « surdétermination », « complexe » et « instance »[86]. S'il y a toujours reprise (le refoulement général), la fixation dont il est question est un état pathologique : un refoulement secondaire, un inconscient ou une fixation à la « seconde puissance ».

Mais si un moment de la vie infantile, et plus précisément celui de la sexualité pré-génitale, peut être repris et devenir la dimension fondamentale de la conduite, il ne peut pour autant être question, pour Merleau-Ponty, d'une explication causale. La sexualité anale ne peut être la cause d'une quantité de conduites. Ce n'est pas parce que le sujet est anal qu'il est sculpteur : s'il en était ainsi, tout le monde le serait[87]. Ce dont il s'agit, ce que Freud veut dire, c'est, dit Merleau-Ponty : « la fixation d'un "caractère" »[88]. Et comme à chaque intentionnalité correspond un noème, une structure existentielle du monde, celui-ci ne manquera pas de se faire voir, c'est-à-dire de révéler lui-même cette fixation. La formation secondaire de l'inconscient, l'« homosexualité » chez l'homme aux loups, le père devenu l'enfant qu'il fut, etc., n'est rendue enfin possible que par l'inconscient primaire = « l'irréfléchi » ou le laisser-être[89]. C'est le refoulement originaire, on pourrait aussi le dire, qui rend possible le refoulement secondaire. Celui-ci est encore comparable, pour ne pas le confondre avec le refoulement général, à l'émotion. « Être ému, c'est se trouver engagé dans une situation à laquelle on ne réussit pas à faire face et que l'on ne veut pourtant pas quitter »[90]. Mais ce refoulé, cette fixation d'une expérience ou d'une attitude ancienne n'est pas, dit Merleau-Ponty, celle d'un « souvenir »; au contraire, elle l'exclut même, car si le « souvenir » rend une expérience ancienne claire, ce passé (= le refoulé), lui, se dérobe à la conscience[91]. L'expérience traumatique ne subsiste pas dans la conscience comme une représentation et un moment clair et distinct, elle ne peut survivre, dit Merleau-Ponty, que « comme un style d'être et dans un certain degré de généralité »[91].

Le complexe reçoit, lui aussi, une définition analogue à celle du refoulé : c'est une structure stéréotypée de la conduite, une expérience immuable au sein de la personnalité :

> « Un complexe est un segment de conduite de ce genre, une attitude stéréotypée, une structure de conscience acquise et durable à l'égard d'une catégorie de stimuli. (…) Certains stimuli objectifs ont revêtu un sens dont nous ne les dégageons pas, ont donné lieu à un montage rigide et stable ».[92] « Complexe = attitude stéréotypée à l'égard de certaines situations, en quelque sorte l'élément le plus stable de la conduite, étant l'ensemble des traits de comportement qui se reproduisent toujours lorsqu'il y a analogie entre certaines situations »[93].

La définition est claire : le « complexe » est une « conduite monotone » ou « intemporelle ». L'origine en est ici une expérience traumatisante, c'est, autrement dit, l'échec[94]. Une situation non maîtrisée lors d'une expérience initiale donne lieu à l'angoisse et à la désorganisation qui accompagnent l'échec[92]. Cette conduite d'échec tend à se conserver, elle devient une conduite stéréotypée, qui se répète. Mais cette conduite peut être le fil conducteur de tout l'avenir du sujet. Tout l'avenir, en d'autres mots, peut être juché sur cette expérience. Le sujet reste donc tributaire de cette expérience et l'avenir n'en sera que l'écho. Certains épisodes de notre vie peuvent, par leur inertie propre, avant d'être ramenés aux souvenirs disponibles et inoffensifs, nous imposer des comportements stéréotypés, rétrécir notre vision du monde et emprisonner ainsi notre liberté[95]. Mais lors de la formation du complexe, le sujet n'éprouve pas directement le drame, c'est-à-dire que le sujet ne s'aperçoit pas de la situation en tant que telle, il ne s'en aperçoit qu'à travers le symptôme qu'elle a pris, c'est-à-dire le complexe[94].

Le complexe comme conduite monotone peut se manifester, disparaître et revenir. On pourrait dans ces situations le comparer – du point de vue de sa manifestation ou de son activation – à l'épilepsie. Mais dans certains cas, le complexe, lui seul, se manifeste. « Dans ces conditions chaque expérience nouvelle, n'étant pas en réalité une expérience nouvelle, vient répéter le résultat des précédentes et en rendre le retour encore plus probable à l'avenir »[96].

Le complexe peut donc bloquer de deux manières la conscience : la première est celle où le complexe se manifeste et disparaît, tel est le cas par exemple de l'émotion : elle se manifeste dans les situations que le sujet ne peut ni maîtriser ni dépasser, et la seconde, c'est quand toute la conduite est confisquée au profit du complexe.

Il faut cependant distinguer, selon Merleau-Ponty, le complexe comme « formation maladive » et « non-maladive ». Il devient maladif quand, par exemple, une situation non liquidée ou une expérience traumatisante sous-tend et structure toute la conduite[97]. Il est maladif donc, lorsque, comme on vient de le voir, il est une conduite stéréotypée et qu'il secoue toute la personnalité dès sa formation comme complexe. Le complexe serait ici la clef de la personnalité. La difficulté cependant est que même lorsqu'il n'est pas une formation maladive, Merleau-Ponty semble identifier le complexe à ce qui serait la clef de toute formation même normale[98]. Mais que serait alors cette clef ou ce complexe ? Faute d'explication, faisons cette hypothèse : il n'y a pas de conduite qui n'aurait pas certains traits typiques et stables. Ces traits ne forment pas des stéréotypes, mais plutôt l'« individualité » ou le style. Chaque individu a son style. Celui-ci ne va jamais sans une certaine monotonie, certains traits stables. Le complexe serait ici le trait le plus stable et le plus caractéristique de l'individu. En tant que tel, ce trait aurait toujours dans sa genèse un point de départ, une expérience particulière. Mais celle-ci, à la différence de celle du complexe maladif, n'est pas une expérience traumatisante. Avec cette distinction de formation maladive et non maladive du complexe, nous sommes ramenés – ce qui vérifie encore notre hypothèse – presque à la même distinction qu'entre le refoulement général et le refoulement secondaire. Nous avons là l'idée d'un complexe dont personne ne s'est tout à fait sauvé mais sans pour autant que ce soit une tragédie. Le complexe d'Œdipe est peut-être ce qui pourrait le mieux expliquer cette nuance. Celui-ci, comme le disent les psychanalystes, est commun à tous les enfants du monde. Et conformément à la théorie de notre auteur du refoulement général et du complexe, aucun adulte, dirons-nous, ne s'en serait tout à fait délivré. Mais s'il est pour tous une difficulté, il est pour certains un véritable complexe, une formation maladive ou une fixation exagérée. Celle-ci pourrait être génératrice de névrose (peur de représailles du père, sentiment de culpabilité, etc.) et pourrait amener le garçon à s'identifier à sa mère. Pour ceux qui l'ont maîtrisé, ce complexe n'est pas une formation maladive. La différence entre la formation maladive et non-maladive du complexe serait donc celle-ci : le premier est une fixation stéréotypée, et l'autre serait une formation temporelle. Cette distinction se ramène finalement à une différence de degré et non de nature.

Le refoulé défini comme zone d'expérience non dépassée et le complexe considéré comme une structure stéréotypée de la conscience peuvent se manifester et réaliser des degrés différents de maladie. Si un amour primordial, un amour maternel et de nature œdipienne peut être chez certains sujets intégré ou relativement intégré, il est pour d'autres le prototype et l'unique amour dont ils sont capables. Le complexe, pour conclure, est une structure stéréotypée de la conscience. Il est interprété, lui aussi, comme le refoulé, en termes de fixations.

Merleau-Ponty ramène enfin ces deux concepts, celui du complexe et celui du refoulé, à celui de la « régression ». Le complexe, le refoulé et même le rêve[99] deviennent des manières primitives d'organiser la conduite. L'inconscient est donc le retour des structures plus élaborées ou plus exigeantes à des structures plus faciles ou moins élaborées. « La régression du rêve, l'efficace d'un complexe acquis dans le passé, enfin l'inconscience du refoulé ne manifestent que le retour à une manière primitive d'organiser la conduite, un fléchissement des structures les plus complexes et un recul vers les plus faciles »[100].

Et là encore, on peut distinguer une régression générale – le refoulement général dont nous avons déjà parlé – et une régression secondaire. Devant, par exemple une situation angoissante et difficile à résoudre, le sujet retombe dans le passé et répète une conduite infantile : dépression, maladie, pleurs, etc. Dans ces défaillances, le sujet vit à la manière des enfants : il se guide sur le sentiment immédiat du permis et de l'interdit sans en chercher le « sens »[100]. L'inconscient, mot désignant le refoulé et le complexe, est donc la réapparition des comportements antérieurs ou primitifs. Régression et fixation sont donc deux concepts auxquels Merleau-Ponty réduit encore le refoulement freudien.

Tel était l'inconscient interprété en termes de « fixation secondaire ». Mais cette théorie n'est pas la seule : une autre est celle du refoulé compris comme une région « évitée » de notre vie. C'est cette signification, cet inconscient engendré que nous devons maintenant voir. Nous ne serons pas si loin de Freud cette fois-ci, du moins par le langage. L'homme qui est entré en conflit avec sa femme barre de sa vie toutes les conduites qui la concernent[101]. Tout ce qui est à elle, tout ce qui peut la lui rappeler, le sujet s'efforce de l'éviter. Ainsi, le sujet met hors circuit toute conduite qui se rapporte à sa femme et essaie de l'ignorer comme l'anosognosique fait tout son possible pour ignorer et laisser hors pratique son bras paralysé. Des régions autrefois vivantes se trouvent ainsi étouffées dans la vie du sujet. « Le souvenir perdu n'est pas perdu par hasard, il ne l'est qu'en tant qu'il appartient à une certaine région de ma vie que je refuse »[102]. L'homme qui a oublié le livre reçu de sa femme comme cadeau et qu'il retrouve une fois réconcilié avec elle[103] avait donc refusé ce souvenir comme d'autres conduites qui la concernent. L'oubli et le refoulé sont donc des régions évitées de notre vie. Le paradoxe, cependant, est que pour Merleau-Ponty l'« oubli » est un acte[104], ou si l'ont veut, une intentionnalité. Le souvenir oublié, c'est-à-dire mis hors circuit, ne l'est qu'en tant qu'il a une signification, et comme toute signification, celle-ci n'est que pour un sujet[104]. L'anosognosique, par exemple, ne peut mettre hors action son bras que parce qu'il sait qu'il n'est là que comme un vide. Il ne peut se détourner de la déficience que parce qu'il sait où il risquerait de la rencontrer[105]. L'anosognosique essaie constamment d'éviter une région de son corps. Mais comment pourrait-il l'éviter s'il ne la connaît pas ? L'anosognosique sait donc le refoulé, son bras « évité ». Il en est de même pour le sujet de la psychanalyse ; celui-ci « sait ce qu'il ne veut pas voir en face, sans quoi il ne pourrait pas l'éviter, si bien »[106]. Mais pas davantage ici que chez l'anosognosique, celui-ci n'a pas une connaissance thétique de son bras. Il n'en a qu'un savoir préconscient[105]. De même pour le sujet de la psychanalyse ; celui-ci n'a pas une connaissance positionnelle du souvenir refoulé, « si la résistance suppose bien un rapport intentionnel avec le souvenir auquel on résiste, elle ne la place pas devant nous comme un objet, elle ne le rejette pas nommément»[104]. Ainsi si l'oubli ou le refoulé est la mise hors circuit, le champ pratique ou le champ mental d'un souvenir – comme l'anosognosique met hors action son bras paralysé –, s'il est un acte ou une intentionnalité, celle-ci n'est pas malgré le mot, une figure sur un fond ; plutôt que déférenciation, elle est « dédéférenciation »[106]. Elle n'est qu'« équivoque ». La haine refoulée (empêchée de paraître à la conscience) de son père n'est pas chez « l'homme aux rats » un « objet ». L'intentionnalité refoulante ne place pas le refoulé devant nous comme une « figure ». L'homme qui a donc oublié dans un tiroir le livre reçu de sa femme comme cadeau, ne l'avait pas tout à fait perdu, pas plus qu'il ne savait où il se trouvait[107]. Bref, du point de vue du *cogito*, ces phénomènes – le refoulement, l'oubli ou le souvenir perdu, l'hystérie, le corps imaginaire et l'anosognosie – sont tous ramenés à un niveau général du savoir, celui de l'ambivalence de la conscience (= ignorer et connaître sans vraiment ignorer ni connaître)[108]. Tel était finalement la seconde signification du refoulé chez notre auteur.

Le refoulé et le complexe étant des structures typiques et visibles de la conscience, il ne peut, pour Merleau-Ponty, être question de les poser en termes de représentation. Le complexe n'est pas une chose qui subsisterait au fond de nous et qui produirait de temps en temps ses effets au dehors ou à la surface[109]. Le complexe n'est présent en nous, hors ses moments de manifestations, que comme la connaissance que nous avons d'une langue, quand nous ne la parlons pas[110]. Mais comment comprendre que dans la conscience dont l'essence, avons-nous dit, est d'être temporelle, une inertie de certaines structures de conduite, certaines dialectiques séparées, certains automatismes spirituels doués d'une logique interne peuvent se constituer dans le flux de la conscience et donner par là une justification apparente à la pensée causale[111], et aux explications par l'inconscient ? C'est là en fait, pense Merleau-Ponty, un problème. Considérer cependant l'inconscient comme une réalité opposée à la conscience ne peut, pense Merleau-Ponty, être la cause des conduites inertes (le refoulé, le complexe et la régression). On ne peut résoudre ces problèmes en prêtant au complexe une réalité psychique et une efficacité propre comme si ces conduites « isolées » ou « stéréotypées » n'étaient pas conditionnées par l'ensemble de la conscience, qui évite d'y penser pour ne pas avoir à l'intégrer et à en être responsable[112]. Si le souvenir d'enfance donne la clef d'un rêve et l'expérience traumatique celle d'une attitude que l'analyste parvient à mettre à nu, ils ne peuvent être pour autant, dit Merleau-Ponty, les causes du rêve et du comportement[113]. Le souvenir et l'événement ne sont que le moyen pour l'analyste de comprendre un montage et une attitude présente[114]. « L'attitude catastrophique ou celle du rêveur n'est pas reliée aux antécédents historiques qui en expliciteraient le sens vrai »[115]. Il n'y a donc pas derrière l'inertie manifeste du complexe ou du refoulé une entité inconsciente, facteurs de ces conduites[116]. L'inconscient est une modalité de la conscience. « Dire de l'inconscient qu'il est l'envers du conscient est assurément erroné si l'on se réfère à l'idée de symétrie »[117]. Et c'est pour dire que l'inconscient est une modalité de la conscience que Merleau-Ponty faisait ces mystérieuses allusions à Kant. Pour celui-ci, d'après Merleau-Ponty, la « haine » n'est qu'un « amour négatif » et le « voler » n'est qu'un «don négatif»[117]. Le refoulé et le complexe sont donc des modalités spéciales de la conscience[118]. Dire que l'inconscient est une modalité de la conscience, c'est dire que l'inconscient n'est pas le pur et simple opposé de la conscience. La réduction de l'inconscient à une modalité spéciale de la conscience, c'est la négation du réalisme au sens de Politzer.

*

*　　*

Deux objections de ce chapitre se ramènent, pensons-nous à ces deux objections majeures que fait Politzer à Freud : l'abstraction et le réalisme. L'abstraction, c'est l'explication par notions causales, donc conventionnelles dont le résultat premier est l'élimination du «Je»[119]. Il y a deux problèmes : celui de la causalité et celui du «Je». Une fois que l'explication devient causale et par là conventionnelle – invention des schémas mécaniques universels, des forces psychiques, des conflits entre forces etc. – l'individualité ou le «je» s'efface. Le problème d'abolition est ce problème même que pose le «structuralisme» : le moi concret ou l'individualité n'a plus de place. Politzer s'en prend plutôt au formalisme impliqué par des schémas mécaniques qu'à la causalité ou à l'explication chosiste elle-même. Cela ne signifie cependant pas que Politzer en minimise la difficulté. Merleau-Ponty ne s'en prend pas, lui, au problème de l'individualité posée, selon Politzer, par l'explication causale de Freud. Il s'en prend, par contre, comme on l'a déjà vu, à l'explication causale en psychologie. Mais par ses explications causales, Freud, pense Politzer, est inconséquent avec lui-même, car l'essentiel de sa découverte, c'est le «Je» concret ou le drame, individuel[120]. C'est en d'autres termes, la substitution du « Je » à des mécanismes impersonnels. Le rêve est donc un acte d'un sujet particulier. Il exprime un drame individuel précis, celui de Pierre, par exemple. C'est un drame dont l'explication causale (conventionnelle et qui vaut pour tous) ne peut rendre compte. Il y a donc une alternative entre le « mécanisme » et le « je », entre la découverte freudienne – celle précisément du « je » – et la manière dont il l'explique. Le second reproche que fait Politzer à Freud, c'est celui du réalisme. L'analyse du rêve donne l'impression que l'on passe d'un contenu manifeste, à un « contenu latent »[121]. Conduit par cette impression, Freud pose celui-ci comme réalité objective, c'est-à-dire comme une entité en soi et antérieure au contenu manifeste. Mais réifier ledit contenu latent, c'est immédiatement dédoubler le rêve et déduire le contenu manifeste du contenu latent[122]. Mais « le rêve », dit Politzer, « n'a qu'un contenu »[123], le contenu manifeste. Ledit « contenu latent » n'existe pas, c'est-à-dire que ce n'est pas un genre d'être *sui generis* radicalement opposé ou manifeste et qui exigerait une double ontologie ou une nouvelle ontologie : celle du contenu latent. Ce que Freud appelle le contenu latent ou l'inconscient, ne désigne, d'après Politzer, que « des intentions significatives ». Le récit manifeste peut être « sous-tendu » par des « intentions significatives » qui ne se sont pas servies de leurs signes ou instruments adéquats[124]. La tâche de l'analyste serait, d'après Politzer, de dépasser et d'aller au-delà du langage conventionnel, langage qui est justement le récit manifeste, pour saisir les vraies intentions significatives du sujet, le sens du récit manifeste. Mais ces intentions significatives ne doivent pas être retirées, posées en soi et réalisées avant le récit manifeste. Car s'il en est ainsi, on ne fait que répéter autrement le réalisme freudien. Il faut donc de nouveau renoncer au réalisme des significations[125].

À tout réalisme, Politzer oppose, comme on l'a déjà dit, une théorie de l'immanence du sens[126]. Cette théorie nous conduira à la compréhension du rapport qu'il y a entre le contenu manifeste et le contenu latent, la conscience et l'inconscient ; cette théorie va nous montrer aussi que le langage de Politzer est en effet équivoque[127]. C'est par diverses comparaisons que Politzer met en évidence sa conception de l'immanence du sens et par là son rejet du contenu latent, de l'inconscient et de tout réalisme en général. Le contenu latent (= les intentions significatives) est présent dans le contenu manifeste – rêve, acte manqué, etc. – de la même manière que les règles d'une partie de tennis sont présentes en elle et que les règles de grammaire sont présentes dans le texte. Prenons pour préciser ce dernier exemple : pour conjuguer, par exemple, le verbe « conduire » à la première personne du pluriel, la règle grammaticale exige que la fin du verbe soit terminée par « ons », = nous conduis(ons). Elle fait partie du verbe conjugué. Si par exemple, par méconnaissance du la règle, j'écrivais ou je disais : « nous condui », le lecteur ou l'auditeur s'apercevrait d'un manque manifeste, qui devait faire partie du verbe lui-même. Si la règle est séparée et distincte du verbe conjugué, il importe peu alors que je dise : nous conduisons ou nous « conduizer ». Mais il n'en est pas ainsi : j'écris et je prononce la règle au même titre que le verbe lui-même. La règle : « ons » est donc manifeste, elle fait partie du texte lui-même. Dans une partie de tennis, par exemple, les règles sont en plein jeu quand celui-ci s'effectue comme il faut ;

les règles sont violées quand le jeu s'effectue mal. Pourrait-on, en d'autres mots, dans ce jeu séparer les règles et le jeu lui-même[128]? Mais si nous radicalisons comme Politzer le fait lui-même, l'idée de l'immanence de sens, nous craignons de ne pas être tout à fait fidèle à Politzer, et c'est là l'équivoque chez lui. Car n'est-ce pas Politzer qui parle des intentions significatives qui ne se sont pas servies de leurs signes adéquats? Cette théorie ne réclame-t-elle pas une théorie du langage? Mais on ne doit pas conclure qu'il y a là une contradiction, mais plutôt un paradoxe. Politzer nous semble vouloir tenir compte de l'immanence de sens et de l'opposition entre expression (ou signe) et sens en même temps. Si ledit « contenu latent » n'était pas de quelque manière manifeste, impliqué dans ou immanent au signe (= expression prise au sens général et non dans le sens purement linguistique), comment l'analyste pourrait-il y arriver? Mais si, d'autre part, ce contenu était tout à fait manifeste, pourquoi alors l'analyste doit-il, comme le dit Politzer, chercher au-delà du langage conventionnel le drame ou la signification personnelle? Il n'y a donc ni immanence absolue de l'inconscient ni transcendance pure et simple. Une chose reste claire, c'est la négation du réalisme de l'inconscient chez Politzer. C'est ce dernier point que Merleau-Ponty, pensons-nous, a nié lui aussi, mais à sa manière. La négation du psychisme comme une réalité interne, l'affirmation de celui-ci comme une structure du comportement est bel et bien une négation du réalisme. La négation du réalisme a cette conséquence chez Merleau-Ponty de comprendre l'inconscient, le refoulé ou le complexe comme étant eux aussi des modes spéciaux de psychisme ou plus précisément des manières spéciales ou pathologiques du comportement. L'inconscient devient lui aussi, accessible à la perception externe.

LES RÉFÉRENCES

1. « ... ni le psychique à l'égard du vital, ni le spirituel à l'égard du psychique ne peuvent être traités comme des substances ou des mondes nouveaux. Le rapport de chaque ordre à l'ordre supérieur est celui du partiel au total ». Merleau-Ponty, *SC.*, p. 195.

2. Merleau-Ponty, *SC.*, p. 195.

3. Merleau-Ponty, *SC.*, pp. 195-196.

4. Merleau-Ponty, *SC.*, p. 196 – Référence à Goldstein, *Der Aufbau des Organismus*, p. 300.

5. « Il s'agit d'une "opposition fonctionnelle" qui ne peut être transformée en "opposition substantielle" ». Merleau-Ponty, *SC.*, p. 196. Référence à Cassirer, *Geits und Leben in der Philosophie der Gegenwart. Die neue Rundschau*, XLI, pp. 244 sqq.

6. Merleau-Ponty, *SC.*, p. 196. Référence à Goldstein, *Der Aufbau des Organismus*, p. 301.

7. Merleau-Ponty, *PP.*, p. 104.

8. Cf. Merleau-Ponty, *SC.*, pp. 197-199 et p. 247.

9. Merleau-Ponty, *SC.*, pp. 198-199.

10. « Le psychique ainsi entendu (comme structure de la conduite) est saisissable du dehors ». Merleau-Ponty, *SC.*, p. 198.

11. Merleau-Ponty, *SC.*, p. 198.

12. J-P. Sartre, *Situation I*, p. 30. Cité par André Dartiques, *Qu'est-ce que la phénoménologie ?* p. 97.

13. Cf. Merleau-Ponty, *SC.*, p. 198. « La phénoménologie, dit Sartre, est venue nous apprendre que les états sont des objets, qu'un sentiment en tant que tel (un

amour ou une haine) est un objet transcendant et ne saurait se contracter dans l'unité d'intériorité d'une "conscience" ». *La transcendance de l'Ego*, pp. 75-76.

14. Merleau-Ponty, « Préface à L'œuvre de Freud et son importance pour le monde moderne », par Dr A. Hesnard, p. 5.

15. Merleau-Ponty, *SC.*, p. 198.

16. La découverte freudienne du psychisme inconscient constitue, selon Politzer, un progrès considérable sur la philosophie idéaliste pour qui l'essence du psychisme ne peut être que conscient. *Critique des fondements de la psychologie.*

17. Politzer, *Critique des fondements de la psychologie.*

18. « On aurait pu croire que Freud se proposait de les distinguer (la dialectique vitale et la dialectique humaine), puisqu'il avait protesté contre les théories physiologiques du rêve, qui n'en fournissent, selon lui, que les conditions les plus générales, et qu'il en cherchait l'explication dans la vie individuelle du rêveur et dans sa logique immanente ». Merleau-Ponty, *SC.*, p. 191.

19. Merleau-Ponty, *SC.*, p. 191.

20. Merleau-Ponty, *SC.*, p. 174.

21. « En même temps que l'extériorité mutuelle des stimuli se trouve dépassée l'extériorité mutuelle de l'organisme et de l'entourage. À ces deux termes définis isolément, il faut donc substituer deux corrélatifs, le "milieu" et l'"aptitude" qui sont comme deux pôles du

comportement et participent à une même structure ».
Merleau-Ponty, *SC.*, p. 174.

22. Goldstein (*La Structure de l'organisme*) et Paul Guillaume (*La Psychologie de la forme*) parlent beaucoup de la structure au sens objectif : il y a par exemple des structures dans le monde physique, dans le monde organique, etc. Ces auteurs ne font jouer à l'idée de structure aucun rôle philosophique. P. Guillaume dit dans ce livre que la psychologie de la forme n'a pas à affirmer vaguement l'existence de structures. Cela veut dire que la structure ne peut désigner que l'existence réelle d'un ensemble qui ne peut exister comme élément séparé. En d'autres mots, la structure est une découverte et elle est à l'opposé de l'idée qui décompose tout en éléments simples.

23. Merleau-Ponty, *SC.*, p. 175.

24. Cf. Merleau-Ponty, *SC.*, p. 175.

25. Par le travail, l'esclave arrive à s'imposer indirectement au maître ; et c'est aussi dans son travail que l'esclave se découvre et prend conscience de soi. Aussi l'esclave se transforme et transforme le monde et autrui avec lui. Merleau-Ponty prend la dialectique humaine dans un sens très général pour qu'elle ne reste plus une « action vitale ».

26. Merleau-Ponty, *SC.*, p. 189.

27. Merleau-Ponty, *SC.*, p. 190.

28. Merleau-Ponty, *SC.*, pp. 113-138.

29. Merleau-Ponty, *SC.*, p. 189.

30. Merleau-Ponty, *SC.*, p. 176.

31. Merleau-Ponty, *SC.*, p. 178.

32. Merleau-Ponty, *SC.*, p. 190. Note 1.

33. Merleau-Ponty, *SC.*, p. 179.

34. Vergote A., *La psychanalyse, science de l'homme*, p. 93.

35. Merleau-Ponty, *SC.*, pp. 194-195.

36. Merleau-Ponty, « Méthode en psychologie de l'enfant », in *Bulletin de psychologie*, p. 123.

37. Merleau-Ponty, *ibid.*, p. 123.

38. Merleau-Ponty, *ibid.*, p. 123.

39. « Si l'on considère la conduite et le développement de la personnalité comme étant résultante de l'interaction de facteurs biologiques (innés se développant de façon relativement indépendante du milieu à travers des phases de maturation, et soumis à des lois de fonctionnement biologiques) et de facteurs de milieu, il faut dire que la psychanalyse reste plus près du "biologique" en thématisant la pulsion alors que les théoriciens S – R (stimulus – réponse) accentuent l'importance de l'apprentissage et du milieu ». Huber W., « Psychanalyse et psychologie », in *La psychanalyse, science de l'homme*, pp. 262-263.

40. Merleau-Ponty, *SC.*, p. 179, Note 1.

41. Goldstein, *SO.*, p. 375.

42. « S'il s'agissait de l'effet d'une excitation externe, la fuite serait évidemment le moyen approprié. Mais, dans le cas de la pulsion, la fuite ne peut servir à rien, car le moi ne peut s'échapper à lui-même ». Freud, *Métapsychologie*, p. 45.

43. Freud, *Métapsychologie*, p. 25 et p. 56.

44.   Freud, *Métapsychologie*, p. 47.

45.   Merleau-Ponty, *SC.*, pp. 191-195.

46.   Lagache, Daniel, *La psychanalyse*, pp. 33-34. « En admettant ces (deux ou trois) systèmes psychiques, la psychanalyse a fait un pas de plus dans la direction qui l'éloigne de la psychologie de conscience descriptive, elle s'est donné une nouvelle façon de poser les problèmes et un nouveau contenu. Ce qui la distinguait jusque-là de la psychologie, c'était particulièrement la conception dynamique des processus psychiques ; à cela s'ajoute maintenant sa décision de se référer également à la topique psychique et d'indiquer, pour un acte psychique quelconque, à l'intérieur de quel système ou bien entre quels systèmes il se joue ». Freud, *Métapsychologie*, p. 77.

47.   *La psychanalyse*, p. 26. « La pulsion, dit Freud, (...) est à la limite des domaines psychique et physique ». *Trois essais sur la théorie de la sexualité*, p. 56.

48.   La difficulté est que Freud parle aussi de la pulsion comme étant elle-même représentant psychique, un représentant des excitations internes : du corps. « Par pulsion », dit-il, nous désignons le représentant psychique d'une source continue d'excitation provenant de l'intérieur de l'organisme, que nous différencions de l'« excitation » extérieure et discontinue. (*Trois essais sur la théorie de la sexualité*, p. 56). Bien qu'il soit difficile de choisir entre deux formulations freudiennes, celle dont nous parlons plus haut et celle-ci, il semble que la pulsion considérée comme somatique est la solution

la plus rigoureuse (Laplanche & Pontalis : *Vocabulaire de la psychanalyse*, pp. 411-418). C'est dans ce sens que le prennent beaucoup d'auteurs. Mais d'autres soulignent aussi l'idée de pulsion comme étant elle-même représentation (Voir par exemple Michel Tort : « Le concept freudien de "représentant" », pp. 37-63 in *Cahiers pour l'analyse*, n° 5). Quant à nous, ce n'est pas un choix que nous avons fait : la pulsion comprise comme « somatique » nous a été imposée par ce texte freudien lui-même.

49. « En fait, dit Freud, je pense que l'opposition entre conscient et inconscient ne s'applique pas à la pulsion. Une pulsion ne peut jamais devenir objet de la conscience, seule le peut la représentation qui la présente. (...) Si la pulsion n'était pas attachée à une représentation ou n'apparaissait pas sous forme d'état d'affect, nous ne pourrions rien savoir d'elle. Mais si nous parlons cependant d'une motion pulsionnelle inconsciente ou d'une motion pulsionnelle refoulée, c'est là une négligence d'expression sans conséquence ». *Métapsychologie*, p. 82.

50. Freud, *Métapsychologie*, p. 83.

51. Freud, *ibid*, p. 83.

52. On pourrait s'exprimer ainsi : il y a des pulsions et des représentations. À chaque pulsion correspond une représentation adéquate. Mais la dissociation est possible. Une pulsion peut se rattacher à une représentation autre que la sienne. Celle-ci, disons, est refoulée, alors que celle-là ne l'est pas. La conscience

alors prend un effet pour une représentation inadéquate. L'effet devient un parasite : il ne se nourrit pas, ou plus exactement, il ne s'est pas rattaché à sa propre représentation, car chez Freud, c'est la représentation (ou toute la vie psychique) qui se nourrit de la pulsion et non l'inverse. Si l'on fait abstraction de la pensée de Freud, de toute cette philosophie de « Vorstellungen », de cette manière de parler de Freud, et si l'on ne confond pas enfin Freud et Politzer, nous pourrions dire que celui-ci s'exprime dans un langage analogue à celui de Freud, mais pour dire autre chose. Politzer parle des « intentions » et de leurs instruments adéquats, le moyen de s'exprimer. Une intention peut user, selon lui, d'un instrument inadéquat. L'inconscient pour lui est cette intention qui ne s'est pas servie de son instrument adéquat et qui est par conséquent inaperçue.

53. Freud, *Métapsychologie*, p. 65.
54. *La psychanalyse, science de l'homme*, p. 24.
55. Freud, *Métapsychologie*, p. 84.
56. On comprend par là pourquoi Politzer dit que la représentation pour Freud est une entité psychique. *Critique des fondements de la psychologie*.
57. Freud, *Métapsychologie*, p. 96.
58. Freud, *ibid.* p. 53.
59. Cf, Freud, *Métapsychologie*, p. 8 sqq.
60. *Vocabulaire de la psychanalyse*, p. 214.
61. Cf. Freud, *Métapsychologie*, p. 65.
62. Freud, *Métapsychologie*, p. 57.

63. Michel Tort, « Le concept freudien de "représentant" », in *Cahiers pour l'analyse*, n° 15, p. 41.

64. *Ibid.*, pp. 41-42.

65. Merleau-Ponty, *SC.*, p. 192. Référence à Goldstein, *Der Aufbau des Organismus*, p. 213 sqq.

66. Merleau-Ponty, *SC.*, p. 192.

67. Merleau-Ponty, *SC.*, p. 192.

68. Souligné par nous.

69. Merleau-Ponty, *PP.*, pp. 98-101.

70. Merleau-Ponty, « Préface à l'œuvre de Freud et son importance pour le monde moderne », par le Dr A. Hesnard, p. 5.

71. Merleau-Ponty, *PP.*, p. 99.

72. Merleau-Ponty, *SC.*, p. 193.

73. Merleau-Ponty, « Préface à l'œuvre de Freud et son importance pour le monde moderne », par Dr. A. Hesnard, p. 5.

74. Merleau-Ponty, *PP.*, p. 97 et suivantes.

75. Observation de De Waelhens, « Préface à l'œuvre du Dr. Demoulin », *Névrose et Psychose*, p. 24, Note 7.

76. A. De Waelhens, *Une philosophie de l'ambiguïté, l'existentialisme de M. Merleau-Ponty*, p. 111

77. *Ibid.* p. 114.

78. Merleau-Ponty, *PP.*, p. 99 Cf. aussi Merleau-Ponty, Préface à l'œuvre de Hesnard, p. 5 « ... notre existence ouverte et personnelle repose sur une première assise d'existence acquise et figée ». Merleau-Ponty, *PP.*, pp. 493-494.

79. « ...l'histoire n'est ni une nouveauté perpétuelle, ni une

répétition perpétuelle, mais le mouvement unique qui crée des formes stables et les brise. L'organisme et ses dialectiques monotones ne sont donc pas étrangers à l'histoire et comme inassimilables pour elle ». Merleau-Ponty, *PP.*, p. 104.

80. A. Vergote, *La psychanalyse, science de l'homme*, p. 184.

81. « Quant le concept de refoulement est présenté par Freud dans toute sa richesse opérationnelle, il comporte un double mouvement de progrès et de rechute, d'ouverture à l'univers adulte et de reprise en sous-main de la vie pré-génitale, mais désignées désormais par son nom, devenue "homosexualité" inconsciente (*Cinq psychanalyses : l'homme aux loups*). L'inconscient de refoulement serait donc une formation secondaire, contemporaine de la formation d'un système perception-conscience, et l'inconscient primordial serait le laisser-être, le oui initial, l'indivision du sentir ». « Nature et Logos », *Résumés de cours*, p. 179.

82. Merleau-Ponty, *PP.*, p. 187. Référence à Binswanger, *Über Psychotherapie*; pp. 113 et suivantes.

83. Merleau-Ponty n'admet cependant pas que la perte de la parole ait cette seule signification, comme le veut par exemple une interprétation strictement freudienne et réductrice ; il faut qu'elle ait, en outre, une signification existentielle : le refus de communication ou de relation avec autrui (Cf. Merleau-Ponty, *PP.*, p. 187). Cela ne dit cependant pas que la perte de la parole n'ait pas une signification sexuelle, ni que les autres significations n'ont pas la même puissance que celle de la sexualité.

Celle-ci cependant, nous le verrons, est peut-être la plus grande dimension de l'homme. La critique de toute pensée réductrice ébauche une théorie fondamentale chez Merleau-Ponty : l'idée de la « surdétermination ».

84. Merleau-Ponty, « Préface à l'œuvre de Hesnard », p. 6.

85. Cf. *Ibid.*, p. 6.

86. *Ibid.*, p. 6. « (...) mais souvent aussi il (Freud) n'y fait que des allusions dans les termes de la médecine et de la psychologie de son temps ("projection", "traces", "représentations") ». Merleau-Ponty, *ibid.*, p. 6.

87. « Interprétation superficielle du freudisme : il est sculpteur parce qu'il est anal, parce que les fèces sont déjà glaise, façonner etc. Mais les fèces ne sont pas cause ; si elles l'étaient tout le monde serait sculpteur ». Merleau-Ponty, *VI.*, p. 323.

88. Merleau-Ponty, *VI.*, p. 323.

89. Cf. Merleau-Ponty, « Nature et Logos », *Résumés de cours*, p. 179.

90. Merleau-Ponty, *PP.*, pp. 101-102.

91. Merleau-Ponty, *PP.*, p. 93.

92. Merleau-Ponty, *SC.*, p. 192.

93. Merleau-Ponty, « L'enfant vu par l'adulte », in *Bulletin de psychologie*, p. 268.

94. Merleau-Ponty, *SC.*, p. 192.

95. Merleau-Ponty, *SC.*, p. 239.

96. Merleau-Ponty, *SC.*, p. 192.

97. Cf. « L'enfant vu par l'adulte », in *Bulletin de psychologie*, p. 268.

98. « Il faut entendre la notion de "complexe" non pas au

sens de la formation maladive, mais en tant que clef de toute formation normale (il n'existe pas d'"homme sans complexes")». Merleau-Ponty. «L'enfant vu par l'adulte», in *Bulletin de psychologie*, p. 268.

99.   «La conscience devient conscience enfantine chez le rêveur (...)». Merleau-Ponty, *SC.*, p. 193.

100.   Merleau-Ponty, *SC.*, p. 193 (Les mots soulignés le sont par nous).

101.   Merleau-Ponty, *PP.*, p. 189.

102.   Merleau-Ponty, *PP.*, pp. 188-189.

103.   Merleau-Ponty, *PP.*, p. 189. L'exemple est de Freud, *Introduction à la psychanalyse*, p. 66.

104.   Merleau-Ponty, *PP.*, p. 189

105.   Merleau-Ponty, *PP.*, p. 96.

106.   Cf. Merleau-Ponty, *PP.*, p. 189.

107.   Merleau-Ponty, *PP.*, p. 189.

108.   Merleau-Ponty, *PP.*, p. 189.

109.   Merleau-Ponty, *SC.*, P. 192.

110.   Merleau-Ponty, *SC.*, p. 192. Référence à Goldstein, *Des Aufbau des Organismus*, p. 213.

111.   Merleau-Ponty, *SC.*, p. 192.

112.   Merleau-Ponty, *SC.*, p. 193. Référence à Politzer, *Critique des fondements de la psychologie*, p. 130.

113.   Merleau-Ponty, *SC.*, p. 193. Référence à Politzer, *ibid.*, p. 145.

114.   Merleau-Ponty, *SC.*, p. 193. Référence à Politzer, *ibid.* p. 193.

115.   Merleau-Ponty, *SC.*, p. 193.

116.   «... l'apparition du souvenir n'apporte pas la révélation

d'une réalité psychologique distincte du rêve lui-même, mais permet simplement l'identification du montage actuellement présent dans le rêve tel qu'il est. En d'autres termes, en entrant en possession du souvenir en question, nous n'avons pas arraché le voile qui recouvrait une entité, mais nous avons obtenu une lumière nouvelle, une précision décisive sur le problème qui nous occupe. Ce n'est pas notre vision qui s'est déplacée d'une réalité à une autre réalité, mais nous avons approfondi notre compréhension à l'aide d'une nouvelle relation. Si l'on se transporte sur le plan de l'abstraction, on commence par réaliser le rêve manifeste ; on réalisera ensuite le souvenir d'enfance apparu, et on en fera une chose de telle sorte que le souvenir qui n'était tout à l'heure qu'un instrument de reconnaissance deviendra maintenant la révélation d'une chose, et il faudra alors, d'une part, inventer un schéma mécanique pour expliquer son action et, d'autre part, parler du retour à la conscience d'un facteur qui avait agi inconsciemment ». Politzer, *Critique des fondements de la psychologie*, P.U.F., pp. 186-187.

117. Merleau-Ponty, « Compte rendu par Pontalis », in *L'Inconscient*, p. 143.

118. Cf. Merleau-Ponty, *SC.*, p. 193.

119. Il y a à distinguer le « je » de Politzer de celui des phénoménologues ou du moins de celui de Merleau-Ponty et de Sartre. Le « Je » pour Merleau-Ponty c'est le moi objet, c'est-à-dire le moi ayant conscience claire de lui-même. Dans l'expérience, c'est-à-dire quand la

conscience est conscience du monde, il n'y a pas pour Merleau-Ponty de même que pour Sartre de « Je ». Pour que le « Je » soit, il faut que j'aie une conscience thétique de moi-même. Hors cet instant de thématisation, il n'y a pas de « je », c'est l'irréfléchi ou l'anonymat inné. Or pour Politzer il y a toujours un « Je ». Mais ce « Je » ne signifie pas la conscience claire de soi. Ce qu'il signifie c'est l'« individualité », c'est-à-dire tous les caractères constitutifs de la personnalité et qui font par exemple que Pierre soit différent de tous les autres : sa manière de se comporter, de nouer des relations etc. Si par exemple le complexe d'Œdipe constitue un drame universel, il est pour Pierre un drame particulier : il y a là des composantes particulières, par exemple sa mère trop protectionniste, sa faiblesse etc. Le « Je » pour Politzer c'est donc l'individualité ou l'identité concrète de la personne de Pierre. Et puisqu'il y a le « Je » (ou l'individualité concrète), l'analyste est obligé chaque fois dans son cabinet de travail d'analyser un drame individuel et précis. Et si la psychanalyse commence à faire des schémas mécaniques pour expliquer le drame individuel, elle manquera son but. Car les schémas mécaniques se placent sur un niveau universel ou conventionnel et ne font aucune place à l'individualité, au drame personnel.

120. Cf. J. Laplanche et Serge Leclaire, « L'inconscient : une étude psychanalytique », in *L'Inconscient*, p. 96.
121. Jean Laplanche et Serge Leclaire, op. cité, p. 97.
122. « (...) ce qui s'exprime dans le contenu manifeste, disent

Laplanche et Leclaire au nom de Politzer, comme l'acte d'un Je ne dois pas être réduit, au niveau latent, à l'interaction de choses psychiques, le contenu latent, le désir du rêve ne doit pas quitter le champ, qui définit la psychologie, celui de la subjectivité ». op. cité., p. 96.

123. Politzer, *Critique des fondements de la psychologie*, P.U.F., p. 177.

124. « (...) l'analyse (du) rêve constitue un récit qui n'est pas celui qu'il aurait dû être si les intentions significatives s'étaient servies de leurs signes adéquats ». Politzer, *Critique des fondements de la psychologie*, p. 177.

125. Certains pensent que l'opposition de lettre et de sens rend compte de l'intention de Politzer. Merleau-Ponty, d'après Pontalis, ne le pense pas (Cf. *L'Inconscient*, p. 143).

126. J. Laplanche et S. Leclaire, op. cité, p. 97.

127. Cf. *Critique des fondements de la psychologie*, P.U.F., pp. 182-188.

128. « (...) il n'est point nécessaire, dit Politzer, que le désir ou le montage en question (le montage infantile) soit, antérieurement au rêve lui-même, l'objet d'une représentation distincte pour le sujet, de même qu'il n'est pas nécessaire de penser que pendant une partie de tennis les règles du jeu agissent "inconsciemment". Il est inutile, de la même manière, d'attribuer au désir ou au montage une existence psychologique distincte. Car ce désir et ce montage sont dégagés de l'analyse même du récit et représentent des résultats d'abstractions. Ce qui est véritablement réel, c'est la signification du récit lui-

même, et si l'on s'en tient à cette signification, on n'aura aucune raison pour réaliser à part et dans l'inconscient ce qui est impliqué comme dialectique dans le montage du rêve. Dans ces conditions la symbolique du rêve n'est pas précisément le "déguisement d'un texte primitif ". (...) En somme, nous sommes en présence de deux hypothèses. L'une, hypothèse freudienne, conçoit le rêve comme une transposition véritable partant d'un texte original que le travail du rêve déforme ; pour l'autre (celle de Politzer) au contraire, le rêve est le résultat du fonctionnement d'une dialectique individuelle. La différence essentielle entre ces deux conceptions réside dans le fait que dans la première le rêve est quelque chose de dérivé, tandis que dans la seconde, il est le phénomène premier et il se suffit à lui-même. (...) Le rêve n'a (...) qu'un seul contenu, celui que Freud appelle le contenu latent. Mais ce contenu, le rêve l'a immédiatement, et non pas postérieurement à un déguisement ». *Critique des fondements de la psychologie*, pp. 183-184.

CONCLUSION

1.   La problématique de l'inconscient n'est pas indépendante de celle de la conscience. Celle-ci n'est ni un organe (Freud) ni une entité extra-chair (Descartes) : elle est liée au corps, au langage et au monde. La réalité psychique dont l'essence est de ne pas s'identifier, comme le croyait la pensée intellectualiste, au conscient, est le produit du rapport qu'il y a entre moi et le monde.

2.   L'inconscient primaire, c'est l'« On » initial ou l'informulé de la conscience. Mais si la conscience est un champ d'intentionnalités auquel appartient le passé, toutes ces intentionnalités ne sont pas discernées dans la vie pratique. Des intentionnalités opérantes restent inaperçues du sujet. C'est ce symbolisme primordial qui est constitutif de l'inconscient. Ce symbolisme n'est pas celui de la parole, mais il est l'armature de la parole. Il faut donc comprendre le langage non comme seul constitutif de l'inconscient, mais plutôt comme un second niveau où la conscience ne saisit pas ses propres intentions. Sans couper les liens transitoires entre le comportement langagier et le comportement perceptif, Merleau-Ponty voit cependant dans celui-ci l'inconscient à la seconde puissance. Déjà au niveau du comportement perceptif, la dialectique du visible et de l'invisible est constitutive de l'inconscient. Ce n'est pas uniquement au niveau de la parole que la conscience peut ne pas saisir ses vraies intentions et ne pas être conscience de vérité.

Un « acte manqué » est un acte significatif, mais dont la vraie signification est au-delà de son sens apparent. Mais, si le sens vrai de notre vie peut être au-delà de celui qui est manifeste, il n'est pas question de tomber dans le réalisme, d'affirmer que sous les apparences il y a une réalité tout autre : un second « je pense » pensant en nous ou un inconscient « substantif ».

3. Ne pas définir la conscience par la constitution mais plutôt par l'institution, c'est ipso facto édifier en moi tout un univers du « sur-moi ». Déjà l'idée de l'intentionnalité y fait place. La conscience, a-t-on dit, naît portée non sur elle-même, mais sur le monde : écouter une musique, c'est changer l'univers de la conscience, devenir triste ou joyeux. Dire donc que la conscience naît portée sur les choses, c'est dire que les « sons » me touchent ou parlent en moi. Cette idée prend une forme nouvelle dans la toute dernière pensée de Merleau-Ponty : elle devient synonyme d'« incorporation » ou d'« introjection ». L'incorporation, accompagnant toute intentionnalité ou projection, est formatrice du « sur-moi ». Est compris comme sur-moi tout ce qui est « incorporé » ou « digéré ».

Il y a cependant un « stade » où l'incorporation et la passivité acquièrent un poids tout particulier : c'est l'enfance. L'incorporation, ou notre institution primordiale, est formatrice d'un sur-moi fort durable et très puissant. Vivre, ce n'est pas toujours créer des significations nouvelles, mais continuer toute une tradition : un passé et un héritage dont non seulement le sens m'échappe mais qui sont générateurs de névroses.

La conscience peut dormir et être inspirée par un passé et un sur-moi qui, sur le champ, lui échappent. L'incorporé n'est pas devant moi comme « objet » et c'est pourquoi il est générateur de l'angoisse ou de la maladie.

4. Vivre, ce n'est jamais pour la conscience tout simplement créer : c'est aussi «continuer» ce qui «a été vécu». Être-au-monde, ce n'est pas tout simplement être au présent : c'est aussi «reprendre» le passé. Et puisque vivre c'est aussi «reprendre» ou «répéter», la conscience vit dans un «refoulement continuel».

Le refoulement originaire, c'est la fixation du corps sur le passé ou la reprise du temps du sur-moi = l'incorporé. Puisque la conscience est la reprise du passé lointain et de l'incorporé, elle ne peut pas toujours choisir ou refuser et toutes modalités ne sont pas le fait du libre arbitre.

Mais à l'intérieur du refoulement originaire s'édifie un refoulement tout particulier : «un refoulement secondaire». Celui-ci est l'inconscient maladif. La reprise excessive de l'amour maternel peut barrer l'avenir au sujet et le conduire à s'identifier avec sa mère. La reprise de la sexualité anale est, chez l'homme aux loups, une «homo-sexualité inconsciente».

5. La conscience peut devenir malade ou se créer des problèmes, non seulement en se fixant sur une expérience ou sur un passé vécu, mais aussi en essayant d'«écarter» une région de sa vie autrefois vivante : on refoule ce à quoi on tient. Pourquoi une résistance permanente, comme l'a dit Freud, si le refoulé n'est pas ce à quoi on tient ? Si l'on parle de la sexualité refoulée, c'est qu'elle est, pour parler comme Merleau-Ponty, une question permanente et muette et qu'elle est, pour parler comme Freud, une «demande».

SIGLES UTILISÉS

SC. = *La Structure du comportement*

PP. = *Phénoménologie de la perception*

SNS. = *Sens et Non-sens*

VI. = *Le Visible et l'Invisible*

SO. = *La Structure de l'organisme*

GLOSSAIRE

Agent idéal :	langage, parole, mots
Agent sensoriel :	corps, chair perceptive
Analyse intentionnelle :	retour du sujet à ses intentionnalités, ses expériences pour les identifier, les thématiser, les connaître objectivement – analyse rétrospective
Chair :	corps, sujet, conscience Elle est caractérisée par la réflexivité = auto-connaissance de soi et la réversibilité (du point de vue ontologique et épistémologique).
Chair verbale :	mots, parole
Cogito :	je pense Généralement pris dans ce sens : je pense et je sais que je pense. Cette dernière activité, la conscience de soi, constitue l'argument et la raison (chez les psychologues et les philosophes de la conscience) pour rejeter l'inconscient.
Cogito parlé :	qui est exprimé en mots

Cogito pré-réflexif :	conscience avant de se prendre elle-même comme ob-jet
Cogito réflexif :	retour de la conscience sur elle-même, sur son passé pour le connaître thématiquement – et ce, grâce au langage
Cogito tacite :	qui n'est pas exprimé en mots
Complexe :	conduite stéréotypée, maladive
Conscience réflexive :	cogito réflexif
Conscience thétique :	positionnelle, l'objet devient ob-jet
Corps subjectif :	conscience, sujet = le corps est lui-même conscience.
Dépassement :	création
Dogmatisme du préjugé :	croyance en une réalité – chose ou concept
du monde :	empirique ou logique – circonscrite, déterminée donnée et achevée
Essences :	fixations ou définitions linguistiques
Être-au-monde :	avoir des relations avec soi, autrui et le monde
Évidence adéquate :	connaissance qui connaît entièrement son objet - il en fait le tour et la synthèse
Existence	1. être-au-monde ; 2. liberté, sujet, conscience

Existence corporelle :   Le corps est conscience, sujet lui-même.

Expérience transcendantale :   expérience constituante, créatrice

Idée :   expression linguistique : « table », « je suis à Rabat »

Inconscient primordial :   irréfléchi

Intemporel :   rigide, fixe
Il y a des degrés différents de fixation.

Intentionnalité :   le mouvement de soi vers les choses, le monde (de l'allemand *Intentionalität*, traduit aussi bien par intentionnalité ou intentionalité)

Introjection :   incorporation de tout ce qui est perçu : langage, culture, etc.

Irréfléchi :   conscience captivée par l'expérience
Il n'y a là ni Je, ni connaissance de soi ; inconscience de soi.

Je (moi) empirique :   sujet psychophysique

Langage institué :   langage conventionnel

Perception extérieure :   dirigée vers le monde

Perception intérieure :   dirigée vers soi-même

Présence absolue de soi-à-soi : connaissance complète et
parfaite de soi-même
Processus en troisième qui s'ignore
personne :
Projection : recherche du dedans (soi-
même) dans le dehors
Psychisme : structure du comportement
Réalisme de la perception : empirisme de la perception
La perception est le fondement
ultime de la connaissance.
Réflexion : retour de la conscience
(sujet) sur elle-même = ses
expériences
Réflexivité du corps : auto-connaissance du corps
par lui-même (sentant,
sensible)
Réflexion totale : qui récupère toute la
conscience ; rien ne lui échappe
Refoulement général : reprise du passé, temporalité
Reprise : conservation
Sourde réflexivité : faute du langage, cette
réflexivité n'est pas thétique
Sur-moi : tout ce qui est perçu,
introjecté : choses, autrui,
langage, culture, etc.
Subjectivité : sujet, conscience
Symbolisme conventionnel : langage institué
Symbolisme originaire : perception, sensation
Symbolisme naturel : symbolisme originaire

Symbolisme tacite :	Corps silencieux où la perception joue un rôle primordial dans la constitution du sens.
Synthèse de transition :	synthèse perceptive La perception empirique ne donne jamais la chose dans sa totalité (voiture ou maison), c'est grâce à la synthèse de transition qu'on peut voir ou parler de la chose comme un tout = une unité. L'invisible s'annonce dans le visible, mais il reste malgré tout invisible.
Vérité absolue :	connaissance adéquate ; qui fait le tout de son objet

TRAVAUX CITÉS

Akoun, A. et Veraldi, G., *L'Inconscient, son langage et ses lois*, Paris, Marabout Service (coll. Psychologie), 1972.

Alexander, F., *Principes de psychanalyse*, Paris, Payot (Petite biblio-thèque), 1968.

Aron, Raymond, *Les étapes de la pensée sociologique*, Paris, Gallimard, 1967.

Akhtar, S., et al., «A Phenomenological Analysis of Symptoms in Obsessive-Compulsive Neurosis», in *British Journal of Psychiatry*, 1975, 127, pp. 342-348.

Boutonier, J., *La notion de l'ambivalence : Étude critique, valeur séméiologique*, Toulouse, Privat, 1972.

Brunschvicg, Léon, «La pensée intuitive chez Descartes» in *Revue de métaphysique et de morale*, T. XLIX N°1, (1937).

Chirpaz, F., *Le Corps*, Paris, Presses Universitaires de France, (coll. Initiation philosophique), 1963.

Dartigues, André, *Qu'est-ce que la phénoménologie ?* Toulouse, Privat, 1972.

Descartes, R., *Œuvres et Lettres*, Paris, Gallimard, («Bibliothèque de la Pléiade»), 1953.

De Waelhens, A., *Existence et Signification*, Louvain, Nauwelaerts 1958.

" " *La philosophie et les expériences naturelles*, La Haye, Martinus Nijhoff, 1961.

" " *Phénoménologie et Vérité*, Louvain, Nauwelaerts, 1969.

" " «Préface à l'œuvre du Dr. Demoulin», 1969

Névrose et Psychose, Louvain, Nauwelaerts, 1967, pp. 5-25.

"   "   « Sur l'inconscient et la pensée philosophique » in *L'Inconscient* (Vie coll. de Bonneval), Desclée de Brouwer, 1966, pp. 371-385.

"   "   *Une philosophie de l'ambiguïté, l'existentialisme de M. Merleau-Ponty*, Bibliothèque philosophique de Louvain, 1951 : 3e édition, 1968.

Dilman, I., « Is the Unconscious a Theoretical Construct ? », in *The Monist*, Vol. 56, 1972.

Dolto, F., *Psychanalyse et pédiatrie*, Paris, Seuil, 1971.

Dowson, H. H., « The Phenomenology of Severe Obsessive-Compulsive Neurosis », in *British journal of Psychiatry*, 1977, 131, pp. 75-78.

Duykaerts, F., *La formation du lien sexuel*, Bruxelles, Dessarts, 1967.

Fougeyrollas, P., *La Révolution freudienne, Freud et la philosophie*, Paris, Denoël 1970.

Freud, S., *Abrégé de psychanalyse*, Paris, Presses Universitaires de France, 1970.

"   "   *Introduction à la psychanalyse*, Paris, Payot (petite bibliothèque), 1970.

"   "   *Métapsychologie*, Paris, Gallimard, Coll. « Idées », 1968.

"   "   *Trois essais sur la théorie de la sexualité*, Paris, Gallimard, Coll. « Idées », 1962.

Gaillard, J.M., « La désintégration du schéma corporel dans les états démentiels du grand âge », in *Journal de psychologie normale et pathologique*, n° 4, Paris, Presses Universitaires de France. Oct-Déc. 1970, pp. 443-472

Goldstein, K., *La structure de l'organisme*, Paris, Gallimard, 1951.

Green, A., « Du comportement à la chair : Itinéraire de Merleau-Ponty » in *Critique*, N° 211, Décembre 1964. pp. 1017-1046.

Guillaume, P., *La psychologie de la forme*, Paris, Flammarion, 1973 et 1967.

Henry, Michel, « Le concept d'âme a-t-il un sens » ? in *Revue philosophique de Louvain*, 1966 (64), pp. 5-33.

Hesnard, A., *La sexologie*, Paris, Payot (Petite bibiothèque), 1970.

Huber Winfred, Piron Herman et Vergote Antoine, *La psychanalyse, science de l'homme*, Bruxelles, Charles Dessart., 1964.

Husserl, E., *Leçons pour une phénoménologie de la conscience intime du temps*, Paris, Presses Universitaires de France 1964 (traduit par Henri Dussort).

Husserl, E., *Méditations cartésiennes*, Paris, Colin, 1931, réédition chez Vrin, en 1953.

Jeanson, Francis, *Le problème moral et la pensée de Sartre*, Paris Seuil, 1965.

Kovel, J., *From Psychoanalysis to Behaviour Modification*, Pelican Books, 1978.

Kwant, R.C., *From Phenomenology to Metaphysic, An Inquiry into the last period of Mericau Ponty's philosophical life*, Pittsburgh, Pa., Duquesne University Press 1966.

Labaki, M., « La théorie de l'équilibre dans la compréhension de la Névrose et de la Psychose », chez Kovel, J., in *Bulletin de pédagogie*, Rabat, Juillet, 1982, pp. 1-4.

" " « Psychanalyse, Phénoménologie et Pensée Analytique du Langage », in *Sindbad*, No. 41, 1985, pp. 18-23.

Lagache, D., *La psychanalyse*, Paris, Presses Universitaires de France, 1969.

Laplanche, Jean, et Leclaire, Serge, « L'inconscient : une étude psychanalytique » in *L'Inconscient*, (Coll. de Bonneval), Desclée de Brouwer, 1966, pp. 95-130.

Laplanche J. et Pontalis J-B. *Vocabulaire de la psychanalyse*, Paris, Presses Universitaires de France, 1968.

Laplanche J. et Pontalis J-B., « Fantasme originaire, fantasmes des origines, origine du fantasme » in *Les Temps Modernes*, N° 215, avril 1964, pp. 1833-1868.

Le Senne, René, *Introduction à la philosophie*, Paris, Presses Universitaires de France, 1939, 5e éd. 1970.

Levinas, E., « La ruine de la représentation », *Recueil commémoratif*, La Haye, 1959, pp. 73-85.

Lewis, Geneviève, *Le problème de l'inconscient et le cartésianisme*, Paris, Presses Universitaires de France, 1950.

Lyotard, Jean-François, *La Phénoménologie*, Paris, Presses Universitaires de France, (Coll. Que sais-je ?) 1954, 7e éd. 1969.

Merleau-Ponty, Maurice, *La Structure du comportement*, Paris, Presses Universitaires de France, 1942, 2e éd. (1949) et suivantes, précédé d'*Une philosophie de l'ambiguïté* par Alphonse De Waelhens (6e éd., 1967, cité par nous).

" " *Phénoménologie de la perception*, Paris, Gallimard, 1945.

" " « Le primat de la perception et ses conséquences philosophiques », in *Bulletin de la Société Française de Philosophie*, N°4, octobre 1947, pp. 119-153 (avec discussion qui a suivi).

" " *Sens et Non-sens*, Paris, Nagel, 1948 (Nous citons l'édition de 1966).

" " *Signes*, Paris, Gallimard, 1960.

" " *L'Œil et l'Esprit*, Paris, Gallimard, 1964.

" " *Le Visible et l'Invisible*, Paris, Gallimard, 1964.

" " « Préface à l'ouvrage de A. Hesnard », *L'œuvre de Freud et son importance dans le monde moderne*, Paris, Payot, 1960, pp. 5-10.

" " « Les relations avec autrui chez l'enfant » (cours donné à la Sorbonne 1950/1951), in *Bulletin de Psychologie*, Paris, Centre de documentation universitaire, 1964, pp. 295-336.

" " « Méthode en psychologie de l'enfant » (cours donné à la Sorbonne 1950-1951), in *Bulletin de psychologie*, Paris, Centre de documentation universitaire, 1964, pp. 109-140.

" " « L'enfant vu par l'adulte » (cours donné à la Sorbonne, 1949-1950) in *Bulletin de psychologie*, Paris, Centre de documentation universitaire, 1964, pp. 260-294.

" " *L'union de l'âme et du corps chez Malebranche, Biran et Bergson*, (Cours donné à l'École Normale Supérieure 1947-1948), Paris, Vrin, 1968.

"   "   « L'institution dans l'histoire personnelle et
publique » (cours donné au Collège de France, 1954-
1955), in *Résumés de cours*, Paris, Gallimard, 1968, pp.
59. 59-65.

"   "   « Le problème de la passivité : le sommeil,
l'inconscient, la mémoire », (cours donné au Collège
de France, 1954-1955), in *Résumés de cours*, Paris,
Gallimard, 1968, pp. 66-73.

"   "   « Nature et Logos : le corps humain » (cours
donné au Collège de France, 1959-1960), in *Résumés de
cours*, Paris, Gallimard, 1968, pp. 171-180.

"   "   « Sur l'inconscient », intervention de Merleau-
Ponty résumée par J-B. Pontalis, in *L'Inconscient* (VI
Colloque de Bonneval), Paris, Desclée de Brouwer,
1966, p. 143.

Michel-Wolfromm, Hélène, *Cette chose là, les conflits sexuels
de la femme française*, Paris, Grasset, (Le Livre de
Poche) 1972.

Moreau, J., *L'horizon des esprits* (Essai critique sur la
phénoménologie de la perception), Paris, Presses
Universitaires de France, 1960.

Mucchielli, R., *Analyse existentielle et psychothérapie
phénoméno-structurale*, Bruxelles, 1972.

Mueller, F-L., *La psychologie contemporaine*, Paris, Payot
(petite bibliothèque), 1970.

Politzer, G., *Critique des fondements de la psychologie*, Paris,
Presses Universitaires de France, 1968.

Pontalis, J-B., « Note sur le problème de l'inconscient chez

Maurice Merleau-Ponty », in *Les Temps Modernes*, N°
184-185, 1961, pp. 287-304.

Sartre, J-P., *Esquisse d'une théorie des émotions*, Paris,
Hermann, 1965.

Sartre, J-P., *L'Être et le Néant*, Paris, Gallimard, 1943.

Sartre, J-P., *La transcendance de l'Ego*, Paris, Vrin, 1965.

Schilder, P., *L'image du corps*, Paris, Gallimard, 1968.

Tort, Michel, « Le concept freudien de "Représentant" », in
Cahiers pour l'analyse, N°5, Paris, Seuil, juillet 1970, pp.
37-63.

Vance, H.R, « Some Thought on Behaviour Modification », in
Academic Therapy, 1978, 13, pp. 609-615.

Wite, A, *Truth*, Macmillan & Co Ltd, London, 1.970.

Wolpe, J., *The Practice of Behaviour Therapy*, Pergamon Press
Inc, 1973.

Yates, A. S., *Theory and Practice in Behaviour Therapy*, New
York : Wiley Inc, 1976.

Zemore, R., « Systematic, Desensitisation as a Method of
Teaching a General Anxiety-Reducing Skill », in *Journal
of Consulting and Clinical Psychology*, 1975, 43, pp. .157-
162.